기출로 합격까지

임기원 기출문제

부동산세법 2차

박문각 공인중개사

브랜드만족
1위
박문각

2025

근거자료
별면표기

CONTENTS

이 책의 **차례**

PART

03

국 세

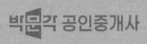
박문각 공인중개사

조세총론

Chapter 01 총 칙

01 조세의 납부방법으로 물납과 분할납부가 둘 다 가능한 것을 모두 고른 것은? (단, 물납과 분할납부의 법정요건은 전부 충족한 것으로 가정함) (25회)

> ㉠ 부동산임대업에서 발생한 사업소득에 대한 종합소득세
> ㉡ 종합부동산세
> ㉢ 취득세
> ㉣ 재산세 도시지역분
> ㉤ 소방분 지역자원시설세

① ㉠   ② ㉡   ③ ㉣
④ ㉡, ㉣   ⑤ ㉠, ㉤

02 「지방세기본법」상 특별시세 세목이 <u>아닌</u> 것은? (26회)

① 주민세   ② 취득세   ③ 지방소비세
④ 지방교육세   ⑤ 등록면허세

03 부동산 보유시 부과될 수 있는 조세와 그에 대한 부가세(附加稅)가 옳게 연결된 것은? (20회)

① 재산세 － 지방교육세
② 종합소득세 － 개인지방소득세
③ 종합부동산세 － 지역자원시설세
④ 재산세 － 지역자원시설세
⑤ 종합부동산세 － 지방교육세

✔ 부동산 활동과정

구 분	취 득	보 유	양 도
취득세, 등록면허세, 상속세, 증여세	○	×	×
재산세, 종합부동산세	×	○	×
양도소득세	×	×	○
지방교육세	○	○	×
종합소득세	×	○	○
지방소득세	×	○	○
농어촌특별세	○	○	○
부가가치세	○	○	○
인지세	○	×	○

04 부동산을 취득하는 경우, 취득단계에서 부담할 수 있는 세금을 모두 고른 것은? (25회)

㉠ 재산세	㉡ 농어촌특별세	㉢ 종합부동산세
㉣ 지방교육세	㉤ 인지세	

① ㉠, ㉡, ㉢
② ㉠, ㉡, ㉤
③ ㉠, ㉢, ㉣
④ ㉡, ㉣, ㉤
⑤ ㉢, ㉣, ㉤

05 국내 소재 부동산의 보유단계에서 부담할 수 있는 세목은 모두 몇 개인가? (30회)

• 농어촌특별세
• 지방교육세
• 개인지방소득세
• 소방분 지역자원시설세

① 0개
② 1개
③ 2개
④ 3개
⑤ 4개

▼ 지방세 용어의 정의

납세자	납세의무자(연대납세의무자와 제2차 납세의무자 및 보증인을 포함한다)와 특별징수의무자를 말한다.
납세의무자	「지방세법」에 따라 지방세를 납부할 의무(지방세를 특별징수하여 납부할 의무는 제외한다)가 있는 자를 말한다.
제2차 납세의무자	납세자가 납세의무를 이행할 수 없는 경우에 납세자를 갈음하여 납세의무를 지는 자를 말한다.
신고납부	납세의무자가 그 납부할 지방세의 과세표준과 세액을 신고하고, 신고한 세금을 납부하는 것을 말한다.
보통징수	세무공무원이 납세고지서를 납세자에게 발급하여 지방세를 징수하는 것을 말한다.
특별징수	지방세를 징수할 때 편의상 징수할 여건이 좋은 자로 하여금 징수하게 하고 그 징수한 세금을 납부하게 하는 것을 말한다.

06 「지방세기본법」 및 「지방세법」상 용어의 정의에 관한 설명으로 틀린 것은? (31회)

① '보통징수'란 지방세를 징수할 때 편의상 징수할 여건이 좋은 자로 하여금 징수하게 하고 그 징수한 세금을 납부하게 하는 것을 말한다.

② 취득세에서 사용하는 용어 중 '부동산'이란 토지 및 건축물을 말한다.

③ '세무공무원'이란 지방자치단체의 장 또는 지방세의 부과·징수 등에 관한 사무를 위임받은 공무원을 말한다.

④ '납세자'란 납세의무자(연대납세의무자와 제2차 납세의무자 및 보증인 포함)와 특별징수의무자를 말한다.

⑤ '지방자치단체의 징수금'이란 지방세 및 체납처분비를 말한다.

07 국세 및 지방세의 연대납세의무에 관한 설명으로 옳은 것은? (34회)

① 공동주택의 공유물에 관계되는 지방자치단체의 징수금은 공유자가 연대하여 납부할 의무를 진다.

② 공동으로 소유한 자산에 대한 양도소득금액을 계산하는 경우에는 해당 자산을 공동으로 소유하는 공유자가 그 양도소득세를 연대하여 납부할 의무를 진다.

③ 공동사업에 관한 소득금액을 계산하는 경우(주된 공동사업자에게 합산과세되는 경우 제외)에는 해당 공동사업자가 그 종합소득세를 연대하여 납부할 의무를 진다.

④ 상속으로 인하여 단독주택을 상속인이 공동으로 취득하는 경우에는 상속인 각자가 상속받는 취득물건을 취득한 것으로 보고, 공동상속인이 그 취득세를 연대하여 납부할 의무를 진다.

⑤ 어느 연대납세의무자에 대하여 소멸시효가 완성된 때에도 다른 연대납세의무자의 납세의무에는 영향을 미치지 아니한다.

08 「지방세기본법」상 취득세의 납세의무 성립일 현재 출자자로서 제2차 납세의무를 부담하지 <u>않는</u> 자는? (23회)

① 합명회사의 무한책임사원

② 비상장법인의 과점주주로서 그에 관한 권리를 실질적으로 행사하는 자

③ 비상장법인 발행주식총수의 100분의 50의 주식에 관한 권리를 실질적으로 행사하는 자

④ 비상장법인의 과점주주로서 그에 관한 권리를 실질적으로 행사하는 자의 배우자

⑤ 합자회사의 무한책임사원

납세의무 성립·확정 및 소멸

❣ 납세의무의 성립시기

구 분		성립시기
취득세		과세물건을 취득하는 때
등록에 대한 등록면허세		재산권과 그 밖의 권리를 등기하거나 등록하는 때
재산세		과세기준일(매년 6월 1일)
종합부동산세		과세기준일(매년 6월 1일)
소득세	일반적인 경우	과세기간이 끝나는 때
	중간예납	중간예납기간이 끝나는 때
	예정신고납부	과세표준이 되는 금액이 발생한 달의 말일
	원천징수	소득금액 또는 수입금액을 지급하는 때
주민세		과세기준일(매년 7월 1일)
농어촌특별세		본세의 납세의무가 성립하는 때
지방교육세		과세표준이 되는 세목의 납세의무가 성립하는 때
무신고가산세, 과소신고가산세		법정신고기한이 경과하는 때
수시부과하는 조세		수시부과할 사유가 발생하는 때

01 납세의무의 성립시기에 관한 설명 중 틀린 것은? (18회)

① 재산세 : 과세기준일
② 취득세 : 취득세 과세물건을 취득하는 때
③ 등록에 대한 등록면허세 : 재산권 등 그 밖의 권리를 등기 또는 등록하는 때
④ 사업소분 주민세 : 재산세의 과세기준일
⑤ 종합부동산세 : 재산세의 과세기준일

02 납세의무의 성립시기로 옳은 것으로만 묶인 것은? (20회)

> ㉠ 소득세 : 소득을 지급하는 때
> ㉡ 농어촌특별세 : 과세기간이 끝나는 때
> ㉢ 재산세 : 과세기준일
> ㉣ 지방교육세 : 그 과세표준이 되는 세목의 납세의무가 성립하는 때
> ㉤ 수시부과에 의하여 징수하는 재산세 : 수시부과할 사유가 발생하는 때

① ㉠, ㉡   ② ㉠, ㉡, ㉣   ③ ㉡, ㉣, ㉤
④ ㉢, ㉣, ㉤   ⑤ ㉠, ㉡, ㉢, ㉤

03 국세 및 지방세의 납세의무 성립시기에 관한 내용으로 옳은 것은? (단, 특별징수 및 수시부과와 무관함) (29회)

① 사업소분 주민세 : 매년 7월 1일
② 거주자의 양도소득에 대한 지방소득세 : 매년 3월 31일
③ 재산세에 부가되는 지방교육세 : 매년 8월 1일
④ 중간예납하는 소득세 : 매년 12월 31일
⑤ 자동차 소유에 대한 자동차세 : 납기가 있는 달의 10일

▼ 납세의무 확정

구 분	확정방법	
취득세	원칙 : 신고	예외 : 결정 · 경정
등록면허세	원칙 : 신고	예외 : 결정 · 경정
재산세	원칙 : 결정	—
종합부동산세	원칙 : 결정	—
	특례 : 신고	예외 : 경정
소득세(예정, 확정)	원칙 : 신고	예외 : 결정 · 경정

1. 납세의무자가 신고하는 때에 확정되는 조세 : 대부분
2. 지방자치단체의 장 또는 세무서장이 결정하는 때에 확정되는 조세
   ① 지방세 : 재산세, 재산세에 부가되는 지방교육세, 지역자원시설세, 주민세, 자동차세
   ② 국세 : 종합부동산세, 상속세, 증여세

04 원칙적으로 과세관청의 결정에 의하여 납세의무가 확정되는 지방세를 모두 고른 것은?

(24회)

㉠ 취득세	㉡ 종합부동산세
㉢ 재산세	㉣ 양도소득세

① ㉠   ② ㉡   ③ ㉢
④ ㉡, ㉢   ⑤ ㉢, ㉣

05 과세표준과 세액을 정부가 결정하는 때 세액이 확정됨이 원칙이나 납세의무자가 법정신고기간 내 이를 신고하는 때에는 정부의 결정이 없었던 것으로 보는 세목은?

(21회)

① 종합부동산세   ② 양도소득세
③ 등록에 대한 등록면허세   ④ 취득세
⑤ 재산세

06 지방세로서 보통징수방법만으로 부과 · 징수하는 것은?

(18회)

① 지방교육세   ② 양도소득세
③ 종합부동산세   ④ 등록에 대한 등록면허세
⑤ 재산세

07 거주자인 개인 甲이 乙로부터 부동산을 취득하여 보유하고 있다가 丙에게 양도하였다. 甲의 부동산 관련 조세의 납세의무에 관한 설명으로 틀린 것은? (단, 주어진 조건 외에는 고려하지 않음)

① 甲이 乙로부터 증여받은 것이라면 그 계약일에 취득세 납세의무가 성립한다.

② 甲이 乙로부터 부동산을 취득 후 재산세 과세기준일까지 등기하지 않았다면 재산세와 관련하여 乙은 부동산 소재지 관할 지방자치단체의 장에게 소유권변동 사실을 신고할 의무가 있다.

③ 甲이 종합부동산세를 신고납부방식으로 납부하고자 하는 경우 과세표준과 세액을 해당 연도 12월 1일부터 12월 15일까지 관할 세무서장에게 신고하는 때에 종합부동산세 납세의무는 확정된다.

④ 甲이 乙로부터 부동산을 40만원에 취득한 경우 등록면허세 납세의무가 있다.

⑤ 양도소득세의 예정신고만으로 甲의 양도소득세 납세의무가 확정되지 아니한다.

➥ 법정신고납부기한 및 고지서상 납부기간

취득세	1. 일반적인 경우: 취득일 + 60일 2. 상속 외 무상(부담부증여 포함) 취득: 취득일 + 달의 말일 + 3개월 3. 상속: 취득일 + 달의 말일 + 6개월(외국에 주소를 둔 상속인 9개월) 4. 법정기한 내 등록하려는 경우: 등록관서에 접수하는 날까지 5. 비과세 받은 후 부과대상이 된 경우: 사유발생일 + 60일 6. 경감 받은 후 추징대상이 된 경우: 사유발생일 + 60일 7. 취득 후 중과대상이 된 경우: 중과대상이 된 날 + 60일 ☑참고 이미 납부한 세액(가산세는 제외)은 공제
등록면허세	1. 등록을 하려는 경우: 등록을 하기 전까지 2. 비과세 받은 후 부과대상이 된 경우: 사유발생일 + 60일 3. 경감 받은 후 추징대상이 된 경우: 사유발생일 + 60일 4. 등록 후 중과대상이 된 경우: 중과대상이 된 날 + 60일 ☑참고 이미 납부한 세액(가산세는 제외)은 공제
재산세	7월(16일 ~ 31일), 9월(16일 ~ 30일)
종합부동산세	12월(1일 ~ 15일)

양도소득세	예정신고	일반적인 경우	양도일 + 달의 말일 + 2개월
		허가 받기 전에 대금청산	허가일 + 달의 말일 + 2개월
		주식	양도일 + 반기 말일 + 2개월
		부담부증여	양도일 + 달의 말일 + 3개월
	확정신고	다음연도 5월(1일 ~ 31일)	

08 부동산 관련 세목의 법정신고기한 또는 납기에 관한 설명으로 **틀린** 것은? (19회)

① 부동산의 상속으로 인한 취득세의 법정신고기한은 상속개시일이 속하는 달의 말일로부터 6개월(외국에 주소를 둔 상속인이 있는 경우는 9개월) 이내이다.

② 토지에 대한 재산세의 납부기간은 매년 9월 1일부터 15일까지이다.

③ 등록에 대한 등록면허세의 법정신고기한은 등기 또는 등록을 하기 전까지이다.

④ 건물에 대한 양도소득세의 과세표준 확정신고기한은 양도일이 속하는 과세기간의 다음연도 5월 31일이다.

⑤ 신고납부를 선택하는 경우 종합부동산세의 법정신고기한은 해당연도 12월 15일이다.

09 「지방세기본법」상 가산세에 관한 내용으로 옳은 것은? (27회)

① 무신고가산세(사기나 그 밖의 부정한 행위로 인하지 않은 경우) : 무신고납부세액의 100분의 20에 상당하는 금액

② 무신고가산세(사기나 그 밖의 부정한 행위로 인한 경우) : 무신고납부세액의 100분의 50에 상당하는 금액

③ 과소신고가산세(사기나 그 밖의 부정한 행위로 인하지 않은 경우) : 과소신고분 납부세액의 100분의 20에 상당하는 금액

④ 과소신고가산세(사기나 그 밖의 부정한 행위로 인한 경우) : 부정과소신고분납부세액의 100분의 50에 상당하는 금액

⑤ 납부지연가산세 : 납부하지 아니한 세액의 100분의 20에 상당하는 금액

10 「지방세기본법」상 가산세에 관한 설명으로 옳은 것은 모두 몇 개인가? (단, 국가와 지방자치단체 및 지방자치단체조합이 아니며, 징수유예는 없음) (22회 변형)

> ⊙ 가산세는 해당 의무가 규정된 해당 지방세의 세목으로 하며 해당 지방세를 감면하는 경우, 가산세는 그 감면대상에 포함시키지 아니하는 것으로 한다.
> ⓒ 무신고가산세는 법정신고기한이 경과하는 때에 납세의무가 성립한다.
> ⓒ 신고 당시 소유권에 대한 소송으로 상속재산으로 확정되지 아니하여 과소신고한 경우에는 가산세를 부과하지 아니한다.
> ⓔ 과세표준 신고서를 법정신고기한까지 제출하지 아니한 자가 법정신고기한이 지난 후 1개월 이내에 기한 후 신고를 한 경우 무신고가산세액의 100분의 50에 상당하는 금액을 감면한다. 단, 지방자치단체의 장이 과세표준과 세액을 결정할 것을 미리 알고 제출한 경우는 제외한다.

① 0개   ② 1개   ③ 2개
④ 3개   ⑤ 4개

11 「지방세기본법」상 지방자치단체의 징수금을 납부할 의무가 소멸되는 것은 모두 몇 개인가? (28회)

> ⊙ 납부·충당되었을 때
> ⓒ 지방자치단체의 징수금의 지방세징수권 소멸시효가 완성되었을 때
> ⓒ 법인이 합병하는 때
> ⓔ 지방세를 부과할 수 있는 기간 내에 지방세가 부과되지 아니하고 그 기간이 만료된 때
> ⓜ 납세의무자의 사망으로 상속이 개시된 때

① 1개   ② 2개   ③ 3개
④ 4개   ⑤ 5개

❥ 부과권의 제척기간

구 분	지방세	국 세	
		대부분	상속세, 증여세, 부담부증여
사기 또는 부정	5년	5년	15년
무신고	7년(10년)[1]	7년	15년
그 외의 경우	10년	10년	10년

[1] 다음의 경우에는 10년으로 한다.
1. 상속 또는 증여(부담부증여를 포함)를 원인으로 취득하는 경우
2. 명의신탁약정으로 실권리자가 사실상 취득하는 경우

☑참고 제척기간 기산일
① 신고납부하도록 규정된 조세 : 신고기한의 다음 날
② ① 외의 조세 : 해당 조세의 납세의무성립일

❥ 징수권의 소멸시효

지방세	가산세를 제외한 금액이 5천만원 미만	5년
	가산세를 제외한 금액이 5천만원 이상	10년
국 세	가산세를 제외한 금액이 5억원 미만	5년
	가산세를 제외한 금액이 5억원 이상	10년

☑참고 소멸시효 기산일
1. 과세표준과 세액의 신고로 납세의무가 확정되는 조세 : 법정납부기한의 다음 날
2. 과세표준과 세액을 정부가 결정 또는 경정하는 경우 : 그 납세고지서에 따른 납부기한의 다음 날

12 「국세기본법」상 사기나 그 밖의 부정한 행위로 주택의 양도소득세를 포탈하는 경우, 국세 부과의 제척기간은 이를 부과할 수 있는 날부터 몇 년간인가? (다만, 부담부증여 및 결정·판결, 상호합의, 경정청구 등의 예외는 고려하지 않음) (21회)

① 3년 　　　　　② 5년 　　　　　③ 7년
④ 10년 　　　　　⑤ 15년

13 국세기본법령상 국세의 부과제척기간에 관한 설명으로 옳은 것은? (34회)

① 납세자가 「조세범 처벌법」에 따른 사기나 그 밖의 부정한 행위로 종합소득세를 포탈하는 경우(역외거래 제외) 그 국세를 부과할 수 있는 날부터 15년을 부과제척기간으로 한다.

② 지방국세청장은 「행정소송법」에 따른 소송에 대한 판결이 확정된 경우 그 판결이 확정된 날부터 2년이 지나기 전까지 경정이나 그 밖에 필요한 처분을 할 수 있다.

③ 세무서장은 「감사원법」에 따른 심사청구에 대한 결정에 의하여 명의대여 사실이 확인되는 경우에는 당초의 부과처분을 취소하고 그 결정이 확정된 날부터 1년 이내에 실제 사업을 경영한 자에게 경정이나 그 밖에 필요한 처분을 할 수 있다.

④ 종합부동산세의 경우 부과제척기간의 기산일은 과세표준과 세액에 대한 신고기한의 다음 날이다.

⑤ 납세자가 법정신고기한까지 과세표준신고서를 제출하지 아니한 경우(역외거래 제외)에는 해당 국세를 부과할 수 있는 날부터 10년을 부과제척기간으로 한다.

14 국세기본법령 및 지방세기본법령상 국세 또는 지방세 징수권의 소멸시효에 관한 설명으로 옳은 것은? (35회)

① 가산세를 제외한 국세가 10억원인 경우 국세징수권은 5년 동안 행사하지 아니하면 소멸시효가 완성된다.

② 가산세를 제외한 지방세가 1억원인 경우 지방세징수권은 7년 동안 행사하지 아니하면 소멸시효가 완성된다.

③ 가산세를 제외한 지방세가 5천만원인 경우 지방세징수권은 5년 동안 행사하지 아니하면 소멸시효가 완성된다.

④ 납세의무자가 양도소득세를 확정신고하였으나 정부가 경정하는 경우, 국세징수권을 행사할 수 있는 때는 납세의무자가 확정신고한 법정 신고납부기한의 다음 날이다.

⑤ 납세의무자가 취득세를 신고하였으나 지방자치단체의 장이 경정하는 경우, 납세고지한 세액에 대한 지방세징수권을 행사할 수 있는 때는 그 납세고지서에 따른 납부기한의 다음 날이다.

조세채권의 우선권 등

조세채권의 우선권

1순위	매각비용
2순위	1. 「임대차보호법」상 최우선 변제 임차보증금 2. 「근로기준법」상 최우선 변제 임금채권
3순위	그 재산에 부과된 조세(결정으로 확정되는 조세) 1. 지방세 : 재산세, 재산세에 부과되는 지방교육세, 지역자원시설세, 자동차세 2. 국세 : 종합부동산세, 상속세, 증여세
4순위	3순위 외의 조세 ⇦ 법정기일 후에 저당권 등이 설정
5순위	피담보채권(저당권, 전세권 등)
6순위	2순위 외의 임금채권
7순위	3순위 외의 조세 ⇦ 법정기일 전에 저당권 등이 설정
8순위	공과금 및 기타채권

📝참고 징수금의 우선순위
1. 지방세 : 체납처분비 > 지방세(가산세는 제외) > 가산세
2. 국 세 : 강제징수비 > 국 세(가산세는 제외) > 가산세

📝참고 납세담보 > 압류 > 교부청구

📝참고 법정기일
1. 신고에 의하여 확정되는 조세 : 그 신고일
2. 결정 또는 경정한 경우에 고지한 세액 : 고지서의 발송일

01 법정기일 전에 저당권설정이 등기된 재산의 매각에 있어 그 저당권에 의하여 담보된 채권은 국세 또는 지방세에 우선한다. 다만, 그 재산에 대하여 부과된 국세 또는 지방세에는 우선하지 못한다. 그에 해당하는 세목은? (19회)

① 양도소득세　　　　② 종합소득세　　　　③ 종합부동산세
④ 취득세　　　　　　⑤ 등록면허세

02 체납된 조세의 법정기일 전에 채권담보를 위해 甲이 저당권설정등기 한 사실이 부동산등기부등본에 증명되는 甲소유 토지 A의 공매대금에 대하여 그 조세와 피담보채권이 경합되는 경우, 피담보채권보다 우선 징수하는 조세가 <u>아닌</u> 것은? (단, 토지 A에 다음의 조세가 부과됨)   (22회)

① 취득세   ② 종합부동산세
③ 지역자원시설세(특정부동산분)   ④ 재산세
⑤ 재산세에 부가되는 지방교육세

03 법정기일 전에 저당권의 설정을 등기한 사실이 등기사항증명서(부동산등기부등본)에 따라 증명되는 재산을 매각하여 그 매각금액에서 국세 또는 지방세를 징수하는 경우 그 재산에 대하여 부과되는 다음의 국세 또는 지방세 중 저당권에 따라 담보된 채권에 우선하는 징수하는 것은 모두 몇 개인가?   (30회)

> • 종합부동산세
> • 취득세에 부가되는 지방교육세
> • 등록면허세
> • 부동산임대에 따른 종합소득세
> • 소방분 지역자원시설세

① 1개   ② 2개   ③ 3개
④ 4개   ⑤ 5개

04 「국세기본법」및「지방세기본법」상 조세채권과 일반채권의 관계에 관한 설명으로 틀린 것은?   (29회)

① 납세담보물 매각시 압류에 관계되는 조세채권은 담보 있는 조세채권보다 우선한다.
② 재산의 매각대금 배분시 당해 재산에 부과된 종합부동산세는 당해 재산에 설정된 저당권에 따라 담보된 채권보다 우선한다.
③ 취득세 신고서를 납세지 관할 지방자치단체장에게 제출한 날 전에 저당권설정등기 사실이 증명되는 재산을 매각하여 그 매각대금에서 취득세를 징수하는 경우, 저당권에 따라 담보된 채권은 취득세에 우선한다.
④ 강제집행으로 부동산을 매각할 때 그 매각대금 중에 국세를 징수하는 경우, 강제집행비용은 국세에 우선한다.
⑤ 재산의 매각대금 배분시 당해 재산에 부과된 재산세는 당해 재산에 설정된 저당권에 따라 담보된 채권보다 우선한다.

05 국세기본법령 및 지방세기본법령상 조세채권과 일반채권의 우선관계에 관한 설명으로 틀린 것은? (단, 납세의무자의 신고는 적법한 것으로 가정함) (35회)

① 취득세의 법정기일은 과세표준과 세액을 신고한 경우 그 신고일이다.

② 토지를 양도한 거주자가 양도소득세 과세표준과 세액을 예정신고한 경우 양도소득세의 법정기일은 그 예정신고일이다.

③ 법정기일 전에 전세권이 설정된 사실은 양도소득세의 경우 부동산등기부 등본 또는 공증인의 증명으로 증명한다.

④ 주택의 직전 소유자가 국세의 체납 없이 전세권이 설정된 주택을 양도하였으나, 양도 후 현재 소유자의 소득세가 체납되어 해당 주택의 매각으로 그 매각금액에서 소득세를 강제징수하는 경우 그 소득세는 해당 주택의 전세권담보채권에 우선한다.

⑤ 「주택임대차보호법」 제8조가 적용되는 임대차관계에 있는 주택을 매각하여 그 매각금액에서 지방세를 강제징수하는 경우에는 임대차에 관한 보증금 중 일정액으로서 같은 법에 따라 임차인이 우선하여 변제받을 수 있는 금액에 관한 채권이 지방세에 우선한다.

▼ 지방세 불복

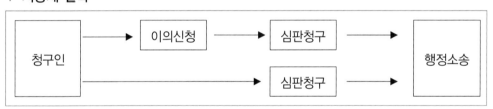

06 「지방세기본법」상 이의신청 또는 심판청구에 관한 설명으로 틀린 것은? (23회)

① 이의신청은 처분이 있은 것을 안 날(처분의 통지를 받았을 때에는 그 통지를 받은 날)부터 90일 이내에 하여야 한다.

② 이의신청을 거친 후에 심판청구를 할 때에는 이의신청에 대한 결정통지를 받은 날부터 90일 이내에 심판청구를 하여야 한다.

③ 이의신청에 따른 결정기간 내에 이의신청에 대한 결정통지를 받지 못한 경우에는 결정통지를 받기 전이라도 그 결정기간이 지난 날부터 심판청구를 할 수 있다.

④ 이의신청 또는 심판청구는 그 처분의 집행에 효력을 미치지 아니한다. 다만, 압류한 재산에 대하여는 이의신청, 심판청구의 결정처분이 있는 날부터 60일까지 공매처분을 보류할 수 있다.

⑤ 이의신청인이 재해 등을 입어 이의신청기간 내에 이의신청을 할 수 없을 때에는 그 사유가 소멸한 날부터 14일 이내에 이의신청을 할 수 있다.

07 「지방세기본법」상 이의신청 또는 심판청구에 관한 설명으로 **틀린** 것은? (30회)

① 「지방세기본법」에 따른 과태료의 부과처분을 받은 자는 이의신청 또는 심판청구를 할 수 없다.

② 심판청구는 그 처분의 집행에 효력이 미치지 아니하지만 압류한 재산에 대하여는 심판청구의 결정이 있는 날부터 30일까지 그 공매처분을 보류할 수 있다.

③ 지방세에 관한 불복 시 불복청구인은 심판청구를 거치지 아니하면 행정소송을 제기할 수 있다.

④ 이의신청인은 신청 금액이 1천만원 미만인 경우에는 그의 배우자, 4촌 이내의 혈족 또는 그의 배우자의 4촌 이내 혈족을 대리인으로 선임할 수 있다.

⑤ 이의신청이 이유 없다고 인정될 때에는 신청을 기각하는 결정을 한다.

08 「지방세기본법」상 이의신청과 심판청구에 관한 설명으로 옳은 것을 모두 고른 것은? (33회)

> ㉠ 통고처분은 이의신청 또는 심판청구의 대상이 되는 처분에 포함된다.
> ㉡ 이의신청인은 신청금액이 8백만원인 경우에는 그의 배우자를 대리인으로 선임할 수 있다.
> ㉢ 보정기간은 결정기간에 포함하지 아니한다.
> ㉣ 이의신청을 거치지 아니하고 바로 심판청구를 할 수는 없다.

① ㉠   ② ㉡   ③ ㉠, ㉣
④ ㉡, ㉢   ⑤ ㉢, ㉣

09 「지방세기본법」상 부과 및 징수, 불복에 관한 설명으로 옳은 것은? (26회)

① 납세자가 법정신고기한까지 소득세의 과세표준신고서를 제출하지 아니하여 해당 지방소득세를 부과할 수 없는 경우에 지방세 부과 제척기간은 5년이다.

② 지방세에 관한 불복시 불복청구인은 이의신청을 거치지 않고 심판청구를 제기할 수 없다.

③ 취득세는 원칙적으로 보통징수 방법에 의한다.

④ 납세의무자가 지방세관계법에 따른 납부기한까지 지방세를 납부하지 않은 경우 납부세액의 100분의 20을 가산세로 부과한다.

⑤ 지방자치단체 징수금의 징수순위는 체납처분비, 지방세(가산세는 제외한다), 가산세의 순서로 한다.

☙ 서류송달

	1. 원칙: 서류의 송달은 교부·우편 또는 전자송달로 한다.
교부송달	• 송달할 장소 + 송달을 받아야 할 자 • 송달을 받아야 할 자가 송달받기를 거부하지 아니하면 다른 장소에서 교부할 수 있다. • 송달받아야 할 자를 만나지 못하였을 때에는 그의 사용인, 종업원 또는 동거인으로서 사리를 분별할 수 있는 사람에게 송달할 수 있다. • 정당한 사유없이 서류의 수령을 거부하면 송달할 장소에 서류를 둘 수 있다.

2. 예외: 다음의 경우에는 공시송달한다.
   ① 주소 또는 영업소가 국외에 있고 송달하기 곤란한 경우
   ② 주소 또는 영업소가 분명하지 아니한 경우
   ③ 서류를 송달하였으나 받을 사람이 없는 것으로 확인되어 납부기한 내에 송달하기 곤란하다고 인정되는 경우

10 「지방세기본법」상 공시송달할 수 있는 경우가 <u>아닌</u> 것은? (24회)

① 송달을 받아야 할 자의 주소 또는 영업소가 국외에 있고 송달하기 곤란한 경우

② 송달을 받아야 할 자의 주소 또는 영업소가 분명하지 아니한 경우

③ 서류를 우편으로 송달하였으나 받을 사람이 없는 것으로 확인되어 반송됨으로써 납부기한 내에 송달하기 곤란하다고 인정되는 경우

④ 서류를 송달할 장소에서 송달을 받을 자가 정당한 사유 없이 그 수령을 거부한 경우

⑤ 세무공무원이 2회 이상 납세자를 방문(처음 방문한 날과 마지막 방문한 날 사이의 기간이 3일 이상이어야 한다)하여 서류를 교부하려고 하였으나 받을 사람이 없는 것으로 확인되어 납부기한 내에 송달하기 곤란하다고 인정되는 경우

11 「지방세기본법」상 서류의 송달에 관한 설명으로 **틀린** 것은? (33회)

① 연대납세의무자에게 납세의 고지에 관한 서류를 송달할 때에는 연대납세의무자 모두에게 각자 송달하여야 한다.

② 기한을 정하여 납세고지서를 송달하였더라도 서류가 도달한 날부터 10일이 되는 날에 납부기한이 되는 경우 지방자치단체의 징수금의 납부기한은 해당 서류가 도달한 날부터 14일이 지난 날로 한다.

③ 납세관리인이 있을 때에는 납세의 고지와 독촉에 관한 서류는 그 납세관리인의 주소 또는 영업소에 송달한다.

④ 교부에 의한 서류송달의 경우에 송달할 장소에서 서류를 송달받아야 할 자를 만나지 못하였을 때에는 그의 사용인으로서 사리를 분별할 수 있는 사람에게 서류를 송달할 수 있다.

⑤ 서류송달을 받아야 할 자의 주소 또는 영업소가 분명하지 아니한 경우에는 서류의 주요 내용을 공고한 날부터 14일이 지나면 서류의 송달이 된 것으로 본다.

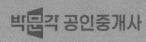박문각 공인중개사

PART

02

지방세

01 현행 취득세와 관련하여 시행되고 있는 제도는 모두 몇 개인가? (22회)

• 특별징수	• 분할납부	• 물납
• 면세점	• 기한 후 신고	• 중가산세

① 1개　　　　　　　② 2개　　　　　　　③ 3개
④ 4개　　　　　　　⑤ 5개

02 「지방세법」상 취득세가 과세될 수 있는 것으로만 묶인 것은? (20회)

㉠ 보유 토지의 지목이 전(田)에서 대지(垈地)로 변경되어 가액이 증가한 경우
㉡ 건축물의 이전으로 인한 취득으로서 이전한 건축물의 가액이 종전 건축물의 가액을 초과하지 않는 경우
㉢ 토지를 사실상 취득하였지만 등기하지 않은 경우
㉣ 공유수면을 매립하거나 간척하여 토지를 조성한 경우

① ㉠, ㉡　　　　　　② ㉠, ㉡, ㉢　　　　　③ ㉠, ㉢, ㉣
④ ㉡, ㉢, ㉣　　　　⑤ ㉠, ㉡, ㉢, ㉣

03 「지방세법」상 부동산의 유상취득으로 보지 않는 것은? (25회)

① 공매를 통하여 배우자의 부동산을 취득한 경우
② 파산선고로 인하여 처분되는 직계비속의 부동산을 취득한 경우
③ 배우자의 부동산을 취득한 경우로서 그 취득대가를 지급한 사실을 증명한 경우
④ 권리의 이전이나 행사에 등기가 필요한 부동산을 직계존속과 서로 교환한 경우
⑤ 증여자의 채무를 인수하는 부담부증여로 취득한 경우로서 그 채무액에 상당하는 부분을 제외한 나머지 부분의 경우

04 「지방세법」상 취득세의 납세의무자 등에 관한 설명으로 옳은 것은? (26회)

① 취득세는 부동산, 부동산에 준하는 자산, 양식업권을 제외한 각종 권리 등을 취득한 자에게 부과한다.

② 건축물 중 조작설비로서 그 주체구조부와 하나가 되어 건축물로서의 효용가치를 이루고 있는 것에 대하여는 주체구조부 취득자 외의 자가 가설한 경우에도 주체구조부의 취득자가 함께 취득한 것으로 본다.

③ 법인설립시 발행하는 주식을 취득함으로써 지방세기본법에 따른 과점주주가 되었을 때에는 그 과점주주가 해당 법인의 부동산등을 취득한 것으로 본다.

④ 토지의 지목을 사실상 변경함으로써 그 가액이 증가한 경우에 취득으로 보지 아니한다.

⑤ 배우자 또는 직계존비속이 아닌 증여자의 채무를 인수하는 부담부증여의 경우에 그 채무액에 상당하는 부분은 부동산등을 유상취득한 것으로 보지 아니한다.

05 「지방세법」상 취득세 납세의무에 관한 설명으로 옳은 것은? (32회)

① 토지의 지목을 사실상 변경함으로써 그 가액이 증가한 경우에는 취득으로 보지 아니한다.

② 상속회복청구의 소에 의한 법원의 확정판결에 의하여 특정 상속인이 당초 상속분을 초과하여 취득하게 되는 재산가액은 상속분이 감소한 상속인으로부터 증여받아 취득한 것으로 본다.

③ 권리의 이전이나 행사에 등기 또는 등록이 필요한 부동산을 직계존속과 서로 교환한 경우에는 무상으로 취득한 것으로 본다.

④ 증여로 인한 승계취득의 경우 해당 취득물건을 등기·등록하더라도 취득일이 속하는 달의 말일부터 3개월 이내에 공증받은 공정증서에 의하여 계약이 해제된 사실이 입증되는 경우에는 취득한 것으로 보지 아니한다.

⑤ 증여자가 배우자 또는 직계존비속이 아닌 경우 증여자의 채무를 인수하는 부담부증여의 경우에는 그 채무액에 상당하는 부분은 부동산등을 유상으로 취득하는 것으로 본다.

06 「지방세법」상 취득세의 납세의무에 관한 설명으로 틀린 것은? (27회)

① 부동산의 취득은 「민법」 등 관계 법령에 따른 등기를 하지 아니한 경우라도 사실상 취득하면 취득한 것으로 본다.

② 「주택법」에 따른 주택조합이 해당 조합원용으로 취득하는 조합주택용 부동산(조합원에게 귀속되지 아니하는 부동산은 제외)은 그 조합원이 취득한 것으로 본다.

③ 직계비속이 직계존속의 부동산을 매매로 취득하는 때에 해당 직계비속의 다른 재산으로 그 대가를 지급한 사실이 입증되는 경우 유상으로 취득한 것으로 본다.

④ 직계비속이 권리의 이전에 등기가 필요한 직계존속의 부동산을 서로 교환한 경우 무상으로 취득한 것으로 본다.

⑤ 직계비속이 공매를 통하여 직계존속의 부동산을 취득하는 경우 유상으로 취득한 것으로 본다.

07 지방세법령상 취득세에 관한 설명으로 틀린 것은? (34회)

① 건축물 중 조작 설비에 속하는 부분으로서 그 주체구조부와 하나가 되어 건축물로서의 효용가치를 이루고 있는 것에 대하여는 주체구조부 취득자 외의 자가 가설한 경우에도 주체구조부의 취득자가 함께 취득한 것으로 본다.

② 「도시개발법」에 따른 환지방식에 의한 도시개발사업의 시행으로 토지의 지목이 사실상 변경됨으로써 그 가액이 증가한 경우에는 그 환지계획에 따라 공급되는 환지는 사업시행자가, 체비지 또는 보류지는 조합원이 각각 취득한 것으로 본다.

③ 경매를 통하여 배우자의 부동산을 취득하는 경우에는 유상으로 취득한 것으로 본다.

④ 형제자매인 증여자의 채무를 인수하는 부동산의 부담부증여의 경우에는 그 채무액에 상당하는 부분은 부동산을 유상으로 취득하는 것으로 본다.

⑤ 부동산의 승계취득은 「민법」 등 관계 법령에 따른 등기를 하지 아니한 경우라도 사실상 취득하면 취득한 것으로 보고 그 부동산의 양수인을 취득자로 한다.

08 「지방세법」상 과점주주의 간주취득세가 과세되는 경우가 <u>아닌</u> 것은 모두 몇 개인가? (단, 주식발행법인은 「자본시장과 금융투자업에 관한 법률 시행령」 제176조의9 제1항에 따른 유가증권시장에 상장한 법인이 아니며, 지방세특례제한법은 고려하지 않음) (29회)

> ㉠ 법인설립시에 발행하는 주식을 취득함으로써 과점주주가 된 경우
> ㉡ 과점주주가 아닌 주주가 다른 주주로부터 주식을 취득함으로써 최초로 과점주주가 된 경우
> ㉢ 이미 과점주주가 된 주주가 해당 법인의 주식을 취득하여 해당 법인의 주식의 총액에 대한 과점주주가 가진 주식의 비율이 증가된 경우
> ㉣ 과점주주 집단 내부에서 주식이 이전되었으나 과점주주 집단이 소유한 총주식의 비율에 변동이 없는 경우

① 0개   ② 1개   ③ 2개
④ 3개   ⑤ 4개

09 거주자 甲의 A비상장법인에 대한 주식보유 현황은 아래와 같다. 2025년 9월 15일 주식 취득시 「지방세법」상 A법인 보유 부동산 등에 대한 甲의 취득세 과세표준을 계산하는 경우, 취득으로 간주되는 지분비율은? (다만, A법인 보유 자산 중 취득세가 비과세·감면되는 부분은 없으며, 甲과 특수관계에 있는 다른 주주는 없음) (20회)

구 분	발행주식수	보유주식수
㉠ 2021년 1월 1일 설립시	10,000주	5,000주
㉡ 2023년 4월 29일 주식 취득 후	10,000주	6,000주
㉢ 2024년 7월 18일 주식 양도 후	10,000주	3,000주
㉣ 2025년 9월 15일 주식 취득시	10,000주	7,000주

① 10%   ② 20%   ③ 40%
④ 60%   ⑤ 70%

10 아래의 자료를 기초로 제조업을 영위하고 있는 비상장 A법인의 주주인 甲이 과점주주가 됨으로써 과세되는 취득세(비과세 또는 감면은 고려하지 않음)의 과세표준은 얼마인가? (18회)

- A법인의 증자 전 자산가액 및 주식발행 현황
  - 증자 전 자산가액(「지방세법」상 취득세 과세표준임)
    - 건물: 4억원   • 토지: 5억원   • 차량: 1억원
  - 주식발행 현황
    - 2023.3.10. 설립시 발행주식 총수: 50,000주
    - 2025.10.5. 증자 후 발행주식 총수: 100,000주
- 甲의 A법인 주식취득 현황
  - 2023.3.10. A법인 설립시 20,000주 취득
  - 2025.10.5. 증자로 40,000주 추가 취득

---

① 2억원   ② 4억원   ③ 5억 1천만원
④ 6억원   ⑤ 10억원

✔ 취득시기

구 분		취득시기
유 상	일 반	• 사실상 잔금지급일과 등기일 중 빠른 날 • 계약상 잔금지급일과 등기일 중 빠른 날 • 계약일부터 60일 경과한 날과 등기일 중 빠른 날
	연부취득	사실상 연부금 지급일과 등기일 중 빠른 날
무 상	일 반	계약일과 등기일 중 빠른 날
	상 속	상속개시일
점유취득, 재산분할		등기일
매립 · 간척		공사준공인가일. 단, 공사준공인가일 전에 사용승낙 · 허가를 받거나 사실상 사용한 경우에는 그중 빠른 날
건축 · 개수		• 사용승인일과 사용일 중 빠른 날 • 임시사용승인일과 사용일 중 빠른 날 • 사용이 가능한 날과 사용일 중 빠른 날
「주택법」		사용검사를 받은 날
「도시 및 주거환경정비법」		소유권이전 고시일의 다음 날
종류변경		사실상 변경일과 공부상 변경일 중 빠른 날
지목변경		사실상 변경일과 공부상 변경일 중 빠른 날. 단, 변경일 전에 사용한 부분은 사용일

📝참고 계약해제

승계취득으로서 해당 취득물건을 등기·등록하지 않고 다음에 해당하는 날까지 화해조서 등에 의하여 계약이 해제된 사실이 입증되는 경우에는 취득한 것으로 보지 않는다.

1. 유상승계 : 취득일부터 60일 이내
2. 무상승계 : 취득일이 속하는 달의 말일부터 3개월 이내

11 「지방세법」상 취득의 시기에 관한 설명으로 틀린 것은? (30회 변형)

① 상속으로 인한 취득의 경우 : 상속개시일
② 유상승계취득으로서 신고인이 제출한 자료로 사실상 잔금지급일이 확인되는 경우 : 사실상의 잔금지급일과 등기일 또는 등록일 중 빠른 날
③ 건축물(주택 아님)을 건축하여 취득하는 경우로서 사용승인서를 내주기 전에 임시사용승인을 받은 경우 : 그 임시사용승인일과 사실상의 사용일 중 빠른 날
④ 「민법」제839조의2에 따른 재산분할로 인한 취득의 경우 : 취득물건의 등기일 또는 등록일
⑤ 관계 법령에 따라 매립으로 토지를 원시취득하는 경우 : 취득물건의 등기일

12 「지방세법」상 취득의 시기 등에 관한 설명으로 틀린 것은? (28회)

① 연부로 취득하는 것(취득가액의 총액이 50만원 이하인 것은 제외)은 그 사실상의 연부금 지급일을 취득일로 본다. 단, 취득일 전에 등기 또는 등록한 경우에는 그 등기일 또는 등록일에 취득한 것으로 본다.
② 관계 법령에 따라 매립·간척 등으로 토지를 원시취득하는 경우로서 공사준공인가일 전에 사실상 사용하는 경우에는 그 사실상 사용일을 취득일로 본다.
③ 「주택법」제11조에 따른 주택조합이 주택건설사업을 하면서 조합원으로부터 취득하는 토지 중 조합원에게 귀속되지 아니하는 토지를 취득하는 경우에는 「주택법」제49조에 따른 사용검사를 받은 날에 그 토지를 취득한 것으로 본다.
④ 「도시 및 주거환경정비법」제16조 제2항에 따른 주택재건축조합이 주택재건축사업을 하면서 조합원으로부터 취득하는 토지 중 조합원에게 귀속되지 아니하는 토지를 취득하는 경우에는 「도시 및 주거환경정비법」제54조 제2항에 따른 소유권이전 고시일에 그 토지를 취득한 것으로 본다.
⑤ 토지의 지목변경에 따른 취득은 토지의 지목이 사실상 변경된 날과 공부상 변경된 날 중 빠른 날을 취득일로 본다. 다만, 토지의 지목변경일 이전에 사용하는 부분에 대해서는 그 사실상의 사용일을 취득일로 본다.

13 지방세기본법령 및 지방세법령상 취득세 납세의무의 성립에 관한 설명으로 틀린 것은?

(34회)

① 상속으로 인한 취득의 경우에는 상속개시일이 납세의무의 성립시기이다.

② 부동산의 증여계약으로 인한 취득에 있어서 소유권이전등기를 하지 않고 계약일이 속하는 달의 말일부터 3개월 이내에 공증받은 공정증서로 계약이 해제된 사실이 입증되는 경우에는 취득한 것으로 보지 않는다.

③ 유상승계취득의 경우 신고인이 제출한 자료로 사실상의 잔금지급일을 확인할 수 있는 때에는 사실상의 잔금지급일과 등기일 또는 등록일 중 빠른 날이 납세의무의 성립시기이다.

④ 「민법」에 따른 이혼시 재산분할로 인한 부동산 취득의 경우에는 취득물건의 등기일이 납세의무의 성립시기이다.

⑤ 「도시 및 주거환경정비법」에 따른 재건축조합이 재건축사업을 하면서 조합원으로부터 취득하는 토지 중 조합원에게 귀속되지 아니하는 토지를 취득하는 경우에는 같은 법에 따른 준공인가 고시일의 다음 날이 납세의무의 성립시기이다.

🌱 과세표준

취득세의 과세표준은 취득당시가액으로 한다. 다만, 연부로 취득하는 경우에는 연부금액(매회 사실상 지급하는 금액)으로 한다.

구 분		사실상 취득가격	시가인정액	시가표준액
유 상	일반적인 경우	○	×	×
	대물변제	대물변제액	△[1]	×
	양도담보	채무액	△[1]	×
	교 환	×	○, ○[2]	×
	부당행위	×	○	×
무 상	1억원 초과	×	○	△[3]
	1억원 이하	×	○	○[4]
	상 속	×	×	○
원시 간주	일반적인 경우	○	×	×
	법인× + 확인×	×	×	○

[1] 대물변제액 또는 채무액이 시가인정액보다 적은 경우에는 시가인정액으로 한다.

[2] 이전하는 부동산과 이전받는 부동산의 시가인정액 중 높은 가액으로 한다.

[3] 시가인정액을 산정하기 어려운 경우에는 시가표준액으로 한다.

[4] 시가인정액과 시가표준액 중에서 납세자가 정한 가액으로 한다.

▼ 사실상 취득가격 계산시 포함 여부

구 분	법 인	개 인
• 취득용역의 대가로 지급하는 용역비 · 수수료 • 취득대금 외에 약정에 따른 취득자 조건 부담액 • 국민주택채권 매각차손 • 건축물의 효용을 유지 또는 증대시키는 설비	포함	포함
• 건설자금에 충당한 차입금의 이자 • 할부 또는 연부계약에 따른 이자 상당액 및 연체료 • 공인중개사에게 지급한 중개보수	포함	제외
• 취득물건의 판매를 위한 광고선전비 등 부대비용 • 전기 · 가스 · 열 등을 이용하는 자가 분담하는 비용 • 이주비, 지장물 보상금 등 • 부가가치세 • 취득대금을 일시급으로 지급하여 할인받은 할인액	제외	제외

14 지방세법령상 취득세의 취득당시가액에 관한 설명으로 옳은 것은? (단, 주어진 조건 외에는 고려하지 않음) (35회)

① 건축물을 교환으로 취득하는 경우에는 교환으로 이전받는 건축물의 시가표준액 과 이전하는 건축물의 시가표준액 중 낮은 가액을 취득당시가액으로 한다.

② 상속에 따른 건축물 무상취득의 경우에는 「지방세법」 제4조에 따른 시가표준액 을 취득당시가액으로 한다.

③ 대물변제에 따른 건축물 취득의 경우에는 대물변제액(대물변제액 외에 추가로 지급한 금액이 있는 경우에는 그 금액을 제외한다)을 취득당시가액으로 한다.

④ 법인이 아닌 자가 건축물을 건축하여 취득하는 경우로서 사실상취득가격을 확 인할 수 없는 경우에는 시가인정액을 취득당시가액으로 한다.

⑤ 법인이 아닌 자가 건축물을 매매로 승계취득하는 경우에는 그 건축물을 취득하 기 위하여 「공인중개사법」에 따른 공인중개사에게 지급한 중개보수를 취득당시 가액에 포함한다.

15 「지방세법」상 부동산의 취득세 과세표준을 사실상의 취득가격으로 하는 경우 이에 포함될 수 있는 항목을 모두 고른 것은? (다만, 아래 항목은 개인이 국가로부터 시가로 유상취득하기 위하여 취득시기 이전에 지급하였거나 지급하여야 할 것으로 가정함)

(21회)

> ㉠ 취득대금을 일시급으로 지불하여 일정액을 할인받은 경우 그 할인액
> ㉡ 부동산의 건설자금에 충당한 차입금의 이자
> ㉢ 연부계약에 따른 이자상당액 및 연체료
> ㉣ 취득대금 외에 당사자 약정에 의한 취득자 채무인수액

① ㉠   ② ㉡   ③ ㉢
④ ㉣   ⑤ ㉡, ㉢, ㉣

16 「지방세법」상 사실상의 취득가격을 취득세의 과세표준으로 하는 경우 이에 포함되지 <u>않는</u> 것은? (단, 특수관계인과의 거래가 아니며, 비용 등은 취득시기 이전에 지급되었음)

(27회 변형)

① 「전기사업법」에 따라 전기를 사용하는 자가 분담하는 비용
② 법인이 취득하는 경우로서 건설자금에 충당한 차입금의 이자
③ 법인이 연부로 취득하는 경우로서 연부계약에 따른 이자상당액
④ 취득에 필요한 용역을 제공받는 대가로 지급하는 용역비
⑤ 취득대금 외에 당사자의 약정에 따른 취득자 조건 부담액

17 개인 甲은 특수관계 없는 개인 乙로부터 다음과 같은 내용으로 주택을 유상거래로 승계취득하였다. 취득세 과세표준 금액으로 옳은 것은? (29회 변형)

> • 계약내용
>   - 총매매대금   500,000,000원
>   7월 2일 계약금   50,000,000원
>   8월 2일 중도금   150,000,000원
>   9월 3일 잔 금   300,000,000원
> • 甲이 주택 취득과 관련하여 지출한 비용
>   - 총매매대금 외에 당사자 약정에 의하여 乙의 은행채무를 甲이 대신 변제한 금액 10,000,000원
>   - 법령에 따라 매입한 국민주택채권을 해당 주택의 취득 이전에 금융회사에 양도함으로써 발생하는 매각차손 1,000,000원

① 500,000,000원   ② 501,000,000원   ③ 509,000,000원
④ 510,000,000원   ⑤ 511,000,000원

18 「지방세법」상 시가표준액에 관한 설명으로 옳은 것을 모두 고른 것은? (32회)

> ㉠ 토지의 시가표준액은 세목별 납세의무의 성립시기 당시 「부동산 가격공시에 관한 법률」에 따른 개별공시지가가 공시된 경우 개별공시지가로 한다.
> ㉡ 건축물의 시가표준액은 소득세법령에 따라 매년 1회 국세청장이 산정, 고시하는 건물신축가격기준액에 행정안전부장관이 정한 기준을 적용하여 국토교통부장관이 결정한 가액으로 한다.
> ㉢ 공동주택의 시가표준액은 공동주택가격이 공시되지 아니한 경우에는 지역별·단지별·면적별·층별 특성 및 거래가격을 고려하여 행정안전부장관이 정하는 기준에 따라 국토교통부장관이 산정한 가액으로 한다.

① ㉠   ② ㉠, ㉡   ③ ㉠, ㉢
④ ㉡, ㉢   ⑤ ㉠, ㉡, ㉢

❥ 표준세율

취득 유형			표준세율(±50%)
유 상		주 택	(취득가액 × 2/3억원) − 3 • 6억원 이하 : 1천분의 10 • 9억원 초과 : 1천분의 30
		농 지	1천분의 30
		주택·농지 외 부동산	1천분의 40
무 상	상 속	농 지	1천분의 23
		농지 외 부동산	1천분의 28
	상속 외	비영리사업자	1천분의 28
		비영리사업자 외의 자	1천분의 35
공유물, 합유물, 총유물 분할(자기지분)			1천분의 23
원시취득(매립·간척·건축)			1천분의 28

📝참고 주택을 신축 또는 증축한 후 해당 주거용 건축물의 소유자(배우자 및 직계존비속을 포함)가 해당 주택의 부속토지를 유상취득하는 경우 해당 주택의 부속토지는 주택으로 보지 아니한다.

📝참고 건축(신축과 재축은 제외) 또는 개수로 인하여 건축물 면적이 증가할 때에는 그 증가된 부분에 대하여 원시취득으로 보아 표준세율을 적용한다.

📝참고 법인이 합병 또는 분할에 따라 부동산을 취득하는 경우에는 유상취득의 표준세율을 적용한다.

19 「지방세법」상 부동산 취득의 표준세율로 틀린 것은? (23회)

① 원시취득 : 1천분의 28
② 상속으로 인한 농지의 취득 : 1천분의 23
③ 상속으로 인한 농지 외의 토지 취득 : 1천분의 28
④ 매매로 인한 농지 외의 토지 취득 : 1천분의 30
⑤ 총유물의 분할로 인한 취득 : 1천분의 23

20 「지방세법」상 농지를 상호교환하여 소유권이전등기를 할 때 적용하는 취득세 표준세율은? (단, 법령이 정하는 비영리사업자가 아님) (24회)

① 1천분의 23 ② 1천분의 25 ③ 1천분의 28
④ 1천분의 30 ⑤ 1천분의 35

21 「지방세법」상 공유농지를 분할로 취득하는 경우 자기 소유지분에 대한 취득세 과세표준의 표준세율은? (27회)

① 1천분의 23 ② 1천분의 28 ③ 1천분의 30
④ 1천분의 35 ⑤ 1천분의 40

22 「지방세법」상 부동산 취득시 취득세 과세표준에 적용되는 표준세율로 옳은 것을 모두 고른 것은? (단, 조정대상지역에 있는 주택은 아님) (26회)

┌───┐
│ ㉠ 상속으로 인한 농지취득 : 1천분의 23
│ ㉡ 총유물의 분할로 인한 취득 : 1천분의 23
│ ㉢ 원시취득(공유수면의 매립 또는 간척으로 인한 농지취득 제외) : 1천분의 28
│ ㉣ 법령으로 정한 비영리사업자의 상속 외의 무상취득 : 1천분의 28
└───┘

① ㉠, ㉡ ② ㉡, ㉢ ③ ㉠, ㉢
④ ㉡, ㉢, ㉣ ⑤ ㉠, ㉡, ㉢, ㉣

23 지방세법령상 부동산 취득에 대한 취득세의 표준세율로 옳은 것을 모두 고른 것은? (단, 조례에 의한 세율조정, 지방세관계법령상 특례 및 감면은 고려하지 않음) (35회)

┌───┐
│ ㉠ 상속으로 인한 농지의 취득 : 1천분의 23
│ ㉡ 법인의 합병으로 인한 농지 외의 토지 취득 : 1천분의 40
│ ㉢ 공유물의 분할로 인한 취득 : 1천분의 17
│ ㉣ 매매로 인한 농지 외의 토지 취득 : 1천분의 19
└───┘

① ㉠, ㉡ ② ㉡, ㉢ ③ ㉢, ㉣
④ ㉠, ㉡, ㉢ ⑤ ㉡, ㉢, ㉣

24 「지방세법」상 취득세의 표준세율이 가장 높은 것은? (단 지방세특례제한법은 고려하지 않음) (30회)

① 상속으로 건물(주택 아님)을 취득한 경우
② 「사회복지사업법」에 따라 설립된 사회복지법인이 독지가의 기부에 의하여 건물을 취득한 경우
③ 영리법인이 공유수면을 매립하여 농지를 취득한 경우
④ 유상거래를 원인으로 「지방세법」 제10조에 따른 취득 당시의 가액이 6억원인 주택(「주택법」에 의한 주택으로서 등기부에 주택으로 기재된 주거용 건축물과 그 부속토지)을 취득하여 1세대 1주택이 된 경우
⑤ 유상거래를 원인으로 농지를 취득한 경우

🌱 세율 특례

---

1. 표준세율에서 중과기준세율을 뺀 세율
   ① 환매기간 내에 환매한 경우의 매도자와 매수자의 취득
   ② 재산분할로 인한 취득
   ③ 공유물·합유물의 분할로 인한 취득(자기지분 초과분은 제외)
   ④ 건축물의 이전으로 인한 취득(종전 건축물 가액 초과분은 제외)
   ⑤ 상속으로 인한 취득 + 1가구 1주택(고급주택은 제외) 또는 감면대상 농지
   ⑥ 법인의 합병으로 인한 취득
   ⑦ 원목생산을 위한 입목의 취득

2. 중과기준세율
   ① 개수로 인한 취득(건축물 면적이 증가한 경우는 제외)
   ② 종류변경 및 지목변경에 따른 가액증가
   ③ 과점주주의 취득
   ④ 외국인 소유의 차량 등을 수입하는 경우(연부취득에 한함)
   ⑤ 시설대여업자의 취득
   ⑥ 취득대금을 지급한 자의 취득
   ⑦ 레저시설, 저장시설 등의 취득
   ⑧ 지목이 묘지인 토지의 취득
   ⑨ 존속기간이 1년을 초과하는 임시건축물(사치성 재산의 취득)의 취득

---

25 「지방세법」상 취득세 표준세율에서 중과기준세율을 뺀 세율로 산출한 금액을 취득세액으로 하는 경우가 **아닌** 것은? (단, 취득물건은 취득세 중과대상이 아님) (22회)

① 상속으로 인한 취득 중 법령으로 정하는 1가구 1주택 및 그 부속토지의 취득
② 공유물의 분할로 인한 취득(등기부등본상 본인지분을 초과하지 아니함)
③ 건축물의 이전으로 인한 취득(이전한 건축물의 가액이 종전 건축물의 가액을 초과하지 아니함)
④ 「민법」 제834조 및 제839조의2에 따른 재산분할로 인한 취득
⑤ 개수로 인한 취득(개수로 인하여 건축물 면적이 증가하지 아니함)

26 「지방세법」상 취득세 표준세율에서 중과기준세율을 뺀 세율로 산출한 금액을 그 세액으로 하는 것으로만 모두 묶은 것은? (단, 취득물건은 「지방세법」 제11조 제1항 제8호에 따른 주택 외의 부동산이며 취득세 중과대상이 아님) (28회)

> ㉠ 환매등기를 병행하는 부동산의 매매로서 환매기간 내에 매도자가 환매한 경우의 그 매도자와 매수자의 취득
> ㉡ 존속기간이 1년을 초과하는 임시건축물의 취득
> ㉢ 「민법」 제839조의2에 따라 이혼시 재산분할로 인한 취득
> ㉣ 등기부등본상 본인 지분을 초과하지 않는 공유물의 분할로 인한 취득

① ㉠, ㉡   ② ㉡, ㉣   ③ ㉢, ㉣
④ ㉠, ㉡, ㉢   ⑤ ㉠, ㉢, ㉣

27 「지방세법」상 취득세액을 계산할 때 중과기준세율만을 적용하는 경우를 모두 고른 것은? (단, 취득세 중과물건이 아님) (24회)

> ㉠ 개수로 인하여 건축물 면적이 증가하는 경우 그 증가된 부분
> ㉡ 토지의 지목을 사실상 변경함으로써 그 가액이 증가한 경우
> ㉢ 법인설립 후 유상 증자시에 주식을 취득하여 최초로 과점주주가 된 경우
> ㉣ 상속으로 농지를 취득하는 경우

① ㉠, ㉡   ② ㉠, ㉣   ③ ㉡, ㉢
④ ㉠, ㉢, ㉣   ⑤ ㉡, ㉢, ㉣

28 「지방세법」상 취득세 표준세율과 중과기준세율의 100분의 400을 합한 세율인 중과세율이 적용되는 취득세 과세대상은 다음 중 모두 몇 개인가? (다만, 「지방세법」상 중과세율의 적용요건을 모두 충족하는 것으로 가정함)　(21회 변형)

> • 법인이 유상취득하는 주택
> • 골프장
> • 고급주택
> • 고급오락장
> • 과밀억제권역 안에서 법인 본점으로 사용하는 사업용 부동산

① 1개　　　　　　② 2개　　　　　　③ 3개
④ 4개　　　　　　⑤ 5개

29 「지방세법」상 아래의 부동산 등을 신(증)축하는 경우 취득세가 중과(重課)되는 것을 모두 고른 것은? (단, 「지방세법」상 중과요건을 충족하는 것으로 가정함)　(23회)

> ㉠ 병원의 병실　　　㉡ 골프장　　　㉢ 고급주택
> ㉣ 법인 본점의 사무소전용 주차타워　　　㉤ 백화점의 영업장

① ㉠, ㉡, ㉢　　　　② ㉠, ㉣, ㉤　　　　③ ㉡, ㉢, ㉣
④ ㉡, ㉢, ㉤　　　　⑤ ㉢, ㉣, ㉤

30 「지방세법」상 취득세의 과세표준 및 세율에 관한 설명으로 틀린 것은?　(26회)

① 취득세의 과세표준은 취득 당시의 가액으로 한다. 다만, 연부로 취득하는 경우의 과세표준은 매회 사실상 지급되는 금액을 말하여, 취득금액에 포함되는 계약보증금을 포함한다.
② 건축(신축과 재축은 제외)으로 인하여 건축물 면적이 증가할 때에는 그 증가된 부분에 대하여 원시취득으로 보아 해당 세율을 적용한다.
③ 환매등기를 병행하는 부동산의 매매로서 환매기간 내에 매도자가 환매한 경우의 그 매도자와 매수자의 취득에 대한 취득세는 표준세율에 중과기준세율(1천분의 20)을 합한 세율로 산출한 금액으로 한다.
④ 토지를 취득한 자가 그 취득한 날부터 1년 이내에 그에 인접한 토지를 취득한 경우에는 그 전후의 취득에 관한 토지의 취득을 1건의 토지 취득으로 보아 면세점을 적용한다.
⑤ 지방자치단체장은 조례로 정하는 바에 따라 취득세 표준세율의 100분의 50 범위에서 가감할 수 있다.

31 「지방세법」상 취득세의 과세표준과 세율에 관한 설명으로 옳은 것은? (25회 변형)

① 취득가액이 100만원인 경우에는 취득세를 부과하지 아니한다.

② 같은 취득물건에 대하여 둘 이상의 세율이 해당되는 경우에는 그 중 낮은 세율을 적용한다.

③ 부동산을 교환하는 경우 취득당시 가액은 이전받는 부동산의 시가인정액과 이전하는 부동산의 시가인정액 중 높은 가액으로 한다.

④ 대도시에서 법인이 사원에 대한 임대용으로 직접 사용할 목적으로 사원주거용 목적의 공동주택(1구의 건축물의 연면적이 60제곱미터 이하임)을 취득하는 경우에는 중과세율을 적용한다.

⑤ 1세대 3주택에 해당하는 주택으로서 조정대상지역에 있는 주택을 유상취득하는 경우에는 표준세율(1천분의 40)에 중과기준세율의 100분의 500을 합한 세율을 적용한다.

❦ 납세절차

1. 원칙 : 신고납부
   ① 상속 외 무상취득 : 취득일이 속하는 달의 말일부터 3개월 이내
   ② 상속 : 취득일이 속하는 달의 말일부터 6개월(외국에 주소를 둔 상속인이 있는 경우는 9개월) 이내
   ③ 법정기한 내에 등기하거나 등록하려는 경우 : 등기 · 등록관서에 접수하는 날까지
   ④ ①②③ 외의 경우 : 60일 이내[단, 이미 납부한 세액(가산세는 제외)은 공제]

2. 예외 : 보통징수 + 가산세
   ① 신고 또는 납부의무를 다하지 아니한 경우
   ② 일시적 2주택으로 신고하였으나 그 취득일부터 3년 이내에 종전주택을 처분하지 못한 경우

3. 가산세
   ① 신고 또는 납부의무 불이행
      ㉠ 무신고가산세 : 100분의 20(사기나 부정은 100분의 40)
      ㉡ 과소신고가산세 : 100분의 10(사기나 부정은 100분의 40)
      ㉢ 납부지연가산세 : 미납일수 × 10만분의 22
   ② 법인이 장부 등을 작성하지 아니한 경우 : 100분의 10
   ③ 취득세 과세물건 + 사실상 취득 + 신고하지 아니하고 매각 : 100분의 80
   ④ 납세의무자가 신고기한까지 취득세를 시가인정액으로 신고한 후 지방자치단체의 장이 세액을 경정하기 전에 그 시가인정액을 수정신고한 경우에는 가산세를 부과하지 아니한다.

32 「지방세법」상 취득세 신고·납부에 관한 설명이다. ( ) 안에 들어갈 내용을 순서대로 나열한 것은? (단, 외국에 주소를 둔 상속인은 없음) (25회 변형)

> 취득세 과세물건을 취득한 자는 그 취득한 날부터 ( ) 이내, 무상취득(상속은 제외) 또는 증여자의 채무를 인수하는 부담부 증여로 인한 취득의 경우는 취득일이 속하는 달의 말일부터 ( ) 이내, 상속으로 인한 경우는 상속개시일이 속하는 달의 말일부터 ( ) 이내에 그 과세표준에 세율을 적용하여 산출한 세액을 신고하고 납부하여야 한다.

① 10일, 60일, 6개월 ② 30일, 3개월, 9개월
③ 60일, 6개월, 3개월 ④ 60일, 3개월, 6개월
⑤ 90일, 6개월, 9개월

33 「지방세법」상 취득세의 부과·징수에 관한 설명으로 틀린 것은? (25회)

① 납세의무자가 취득세 과세물건을 사실상 취득한 후 취득세 신고를 하지 아니하고 매각하는 경우에는 산출세액에 100분의 50을 가산한 금액을 세액으로 하여 보통징수의 방법으로 징수한다.

② 법정신고납부기한 내에 재산권을 공부에 등기 또는 등록하려는 경우에는 등기·등록신청서를 등기·등록관서에 접수하는 날까지 취득세를 신고납부하여야 한다.

③ 등기·등록관서의 장은 취득세가 납부되지 아니하였거나 납부부족액을 발견하였을 때에는 다음 달 10일까지 납세지를 관할하는 시장·군수·구청장에게 통보하여야 한다.

④ 취득세 납세의무자가 신고 또는 납부의무를 다하지 아니하면 산출세액 또는 그 부족세액에 「지방세기본법」의 규정에 따라 산출한 가산세를 합한 금액을 세액으로 하여 보통징수의 방법으로 징수한다.

⑤ 지방자치단체의 장은 취득세 납세의무가 있는 법인이 장부 등의 작성과 보존의무를 이행하지 아니한 경우에는 산출된 세액 또는 부족세액의 100분의 10에 상당하는 금액을 징수하여야 할 세액에 가산한다.

34 「지방세법」상 취득세의 부과·징수에 관한 설명으로 옳은 것은? (33회)

① 취득세의 징수는 보통징수의 방법으로 한다.

② 상속으로 취득세 과세물건을 취득한 자는 상속개시일부터 60일 이내에 산출한 세액을 신고하고 납부하여야 한다.

③ 신고·납부기한 이내에 재산권과 그 밖의 권리의 취득·이전에 관한 사항을 공부에 등기하거나 등록(등재 포함)하려는 경우에는 등기 또는 등록 신청서를 등기·등록관서에 접수하는 날까지 취득세를 신고·납부하여야 한다.

④ 취득세 과세물건을 취득한 후에 그 과세물건이 중과세율의 적용대상이 되었을 때에는 중과세율을 적용하여 산출한 세액에서 이미 납부한 세액(가산세 포함)을 공제한 금액을 세액으로 하여 신고·납부하여야 한다.

⑤ 법인의 취득당시 가액을 증명할 수 있는 장부가 없는 경우 지방자치단체의 장은 그 산출된 세액의 100분의 20을 징수하여야 할 세액에 가산한다.

35 「지방세법」상 취득세의 부과·징수에 관한 설명으로 옳은 것은? (21회 변형)

① 취득세가 경감된 과세물건이 추징대상이 된 때에는 그 사유발생일부터 60일 이내에 그 산출세액에서 이미 납부한 세액(가산세 포함)을 공제한 세액을 신고하고 납부하여야 한다.

② 취득세 납세의무자가 등기·등록을 필요로 하지 아니하는 과세물건을 취득한 후 이를 신고하지 않고 매각하는 경우, 산출세액에 100분의 80을 가산한 금액을 세액으로 하여 징수한다.

③ 토지의 지목변경에 따라 사실상 그 가액이 증가된 경우, 취득세를 신고하지 아니하고 해당 토지를 매각하더라도 취득세 중가산세 규정은 적용되지 아니한다.

④ 「부동산등기법」 제28조에 따라 채권자대위권에 의한 등기신청을 하려는 채권자는 납세의무자인 채무자를 대위하여 부동산의 취득에 대한 취득세를 신고납부할 수 없다.

⑤ 납세의무자가 법정신고기한까지 취득세를 시가인정액으로 신고한 후 지방자치단체의 장이 세액을 경정하기 전에 그 시가인정액을 수정신고한 경우 과소신고가산세가 부과된다.

➤ 비과세

---

1. 국가, 지방자치단체, 지방자치단체조합, 외국정부 및 주한국제기구의 취득
   ☑참고 단, 대한민국 정부기관에 대하여 과세하는 외국정부 : 과세
2. 귀속 또는 기부채납을 조건으로 취득하는 부동산
   ☑참고 귀속 또는 기부채납의 조건을 이행하지 아니한 경우 : 과세
   ☑참고 반대급부로 무상사용권을 제공받은 경우 : 과세
3. 「신탁법」에 의한 신탁재산 + 수탁자
4. 「~~~ 법」 + 환매권 행사
5. 임시건축물의 취득
   ☑참고 존속기간이 1년을 초과하는 경우 : 과세
   ☑참고 사치성 재산으로 사용하는 경우 : 과세
6. 공동주택 + 개수(대수선은 제외) + 시가표준액 9억원 이하
7. 천재지변 등 사용할 수 없는 차량 + 상속

---

36 「지방세법」상 취득세가 비과세되는 경우로 틀린 것은?　　　　　(19회)

① 대한민국 정부에 대하여 비과세하는 외국정부의 국내 부동산 취득
② 지방자치단체에 기부채납을 조건으로 취득하는 부동산
③ 신탁(「신탁법」에 따른 신탁으로서 신탁등기가 병행되는 것만 해당한다)으로 인한 신탁재산의 취득으로서 위탁자로부터 수탁자에게 신탁재산을 이전하는 경우
④ 임시흥행장, 공사현장사무소 등 존속기간이 1년을 초과하는 임시건축물의 취득
⑤ 「징발재산정리에 관한 특별조치법」에 따른 동원대상지역 내의 토지의 수용·사용에 관한 환매권의 행사로 매수하는 부동산의 취득

37 「지방세법」상 신탁(「신탁법」에 따른 신탁으로서 신탁등기가 병행되는 것임)으로 인한 신탁재산의 취득으로서 취득세가 부과되는 경우는 모두 몇 개인가? (29회)

> ㉠ 위탁자로부터 수탁자에게 신탁재산을 이전하는 경우
> ㉡ 신탁의 종료로 인하여 수탁자로부터 위탁자에게 신탁재산을 이전하는 경우
> ㉢ 수탁자가 변경되어 신수탁자에게 신탁재산을 이전하는 경우
> ㉣ 「주택법」에 따른 주택조합이 비조합원용 부동산을 취득하는 경우

① 0개 ② 1개 ③ 2개
④ 3개 ⑤ 4개

38 「지방세법」상 취득세의 과세 여부에 관한 설명으로 옳은 것은? (단, 사치성재산은 없는 것으로 한다) (20회)

① 지방자치단체에 기부채납을 조건으로 취득하는 부동산은 과세한다.
② 존속기간이 1년을 초과하지 아니하는 임시건축물의 취득은 과세한다.
③ 「민법」상 이혼을 원인으로 하는 재산분할로 인하여 취득하는 부동산은 과세한다.
④ 공유물 분할로 인한 취득은 비과세한다.
⑤ 상속으로 인한 취득으로서 법령이 정하는 1가구 1주택 및 그 부속토지에 대해서는 비과세한다.

39 「지방세법」상 취득세가 부과되지 않는 것은? (30회)

① 「주택법」에 따른 공동주택의 개수(「건축법」에 따른 대수선 제외)로 인한 취득 중 개수로 인한 취득 당시 주택의 시가표준액이 9억원 이하인 경우
② 형제 간에 부동산을 상호교환한 경우
③ 직계존속으로부터 거주하는 주택을 증여받은 경우
④ 파산선고로 인하여 처분되는 부동산을 취득한 경우
⑤ 「주택법」에 따른 주택조합이 해당 조합원용으로 조합주택용 부동산을 취득한 경우

40 「지방세법」상 취득세에 관한 설명으로 옳은 것은? (24회 변형)

① 토지의 지목변경에 따른 취득은 지목변경일 이전에 그 사용 여부와 관계없이 사실상 변경된 날과 공부상 변경된 날 중 빠른 날을 취득일로 본다.

② 부동산을 연부로 취득하는 것은 등기일에 관계없이 그 사실상의 최종연부금 지급일을 취득일로 본다.

③ 법인이 아닌 자가 토지의 지목을 사실상 변경한 경우로서 사실상 취득가격을 확인할 수 없는 경우 취득당시 가액은 지목변경 이후의 토지에 대한 시가표준액으로 한다.

④ 취득세 납세의무가 있는 법인이 장부 등의 작성과 보존의무를 이행하지 아니하는 경우 산출세액의 100분의 20에 상당하는 가산세가 부과된다.

⑤ 법인이 아닌 자가 건축물을 건축하여 취득하는 경우로서 사실상 취득가격을 확인할 수 없는 경우의 취득당시 가액은 시가표준액으로 한다.

41 「지방세법」상 취득세에 관한 설명으로 옳은 것은? (33회)

① 건축물 중 부대설비에 속하는 부분으로서 그 주체구조부와 하나가 되어 건축물로서의 효용가치를 이루고 있는 것에 대하여는 주체구조부 취득자 외의 자가 가설한 경우에도 주체구조부의 취득자가 함께 취득한 것으로 본다.

② 세대별 소유주택 수에 따른 중과세율을 적용함에 있어 주택으로 재산세를 과세하는 오피스텔은 해당 오피스텔을 소유한 자의 주택 수에 가산하지 아니한다.

③ 납세의무자가 토지의 지목을 사실상 변경한 후 산출세액에 대한 신고를 하지 아니하고 그 토지를 매각하는 경우에는 산출세액에 100분의 80을 가산한 금액을 세액으로 하여 징수한다.

④ 공사현장사무소 등 임시건축물의 취득에 대하여는 그 존속기간에 관계없이 취득세를 부과하지 아니한다.

⑤ 토지를 취득한 자가 취득한 날부터 1년 이내에 그에 인접한 토지를 취득한 경우 그 취득가액이 100만원일 때에는 취득세를 부과하지 아니한다.

42 「지방세법」상 취득세에 관한 설명으로 옳은 것은? (22회 변형)

① 상속에 따른 무상취득의 경우 취득당시 가액은 시가인정액으로 하며, 시가인정액을 산정하기 어려운 경우에는 시가표준액으로 한다.

② 건축물의 개수로 인하여 건축물 면적이 증가할 때에는 그 증가된 부분이 아닌 전체 면적을 원시취득으로 본다.

③ 납세의무자가 취득세 과세물건을 사실상 취득하고 취득세 신고를 한 후 매각한 경우, 취득세 중가산세 규정을 적용하지 아니한다.

④ 토지의 지목을 사실상 변경한 경우 취득당시 가액은 지목변경 전·후의 시가표준액 차액으로 한다.

⑤ 법령이 정하는 고급주택에 해당하는 임시건축물의 취득은 취득세가 비과세된다.

43 「지방세법」상 취득세에 관한 설명으로 틀린 것은? (28회 변형)

① 지방자치단체에 기부채납을 조건으로 부동산을 취득하는 경우라도 그 반대급부로 기부채납 대상물의 무상사용권을 제공받는 때에는 그 해당 부분에 대해서는 취득세를 부과한다.

② 상속(피상속인이 상속인에게 한 유증 및 포괄유증과 신탁재산의 상속 포함)으로 인하여 취득하는 경우에는 상속인 각자가 상속받는 취득물건(지분을 취득하는 경우에는 그 지분에 해당하는 취득물건을 말함)을 취득한 것으로 본다.

③ 특수관계인으로부터 시가인정액보다 낮은 가격으로 부동산을 유상취득하는 경우로서 시가인정액과 사실상 취득가격의 차액이 3억원 이상인 경우에는 시가인정액을 취득당시 가액으로 결정할 수 있다.

④ 무상승계 취득한 취득물건을 취득일에 등기·등록한 후 화해조서·인낙조서에 의하여 취득일이 속하는 달의 말일부터 3개월 이내에 계약이 해제된 사실을 입증하는 경우에는 취득한 것으로 보지 아니한다.

⑤ 「주택법」제2조 제3호에 따른 공동주택의 개수(「건축법」제2조 제1항 제9호에 따른 대수선은 제외함)로 인한 취득 중 개수로 인한 취득 당시 「지방세법」제4조에 따른 주택의 시가표준액이 9억원 이하인 주택과 관련된 개수로 인한 취득에 대해서는 취득세를 부과하지 아니한다.

44 「지방세법」상 취득세에 관한 설명으로 옳은 것은? (31회 변형)

① 국가 및 외국정부의 취득에 대해서는 취득세를 부과한다.

② 토지의 지목변경에 따른 취득은 토지의 지목이 사실상 변경된 날을 취득일로 본다.

③ 국가가 취득세 과세물건을 매각하면 매각일부터 60일 이내에 지방자치단체의 장에게 신고하여야 한다.

④ 취득세 과세표준을 적용할 때 시가인정액은 취득일 전 3개월부터 취득일 후 6개월 이내에 취득 대상이 된 부동산등에 대하여 매매, 감정, 경매 또는 공매한 사실이 있는 경우의 가액을 말한다.

⑤ 토지를 취득한 자가 그 취득한 날부터 1년 이내에 그에 인접한 토지를 취득한 경우 그 전후의 취득에 관한 토지의 취득을 1건의 토지 취득으로 보아 취득세에 대한 면세점을 적용한다.

45 「지방세법」상 취득세에 관한 설명으로 틀린 것은? (32회)

① 「도시 및 주거환경정비법」에 따른 재건축조합이 재건축사업을 하면서 조합원으로부터 취득하는 토지 중 조합원에게 귀속되지 아니하는 토지를 취득하는 경우에는 같은 법에 따른 소유권이전 고시일의 다음 날에 그 토지를 취득한 것으로 본다.

② 취득세 과세물건을 취득한 후에 그 과세물건이 중과세율의 적용대상이 되었을 때에는 취득한 날부터 60일 이내에 중과세율을 적용하여 산출한 세액에서 이미 납부한 세액(가산세 포함)을 공제한 금액을 신고하고 납부하여야 한다.

③ 대한민국 정부기관의 취득에 대하여 과세하는 외국정부의 취득에 대해서는 취득세를 부과한다.

④ 상속으로 인한 취득의 경우에는 상속개시일에 취득한 것으로 본다.

⑤ 부동산의 취득은 「민법」 등 관계법령에 따른 등기·등록 등을 하지 아니한 경우라도 사실상 취득하면 취득한 것으로 본다.

46 「지방세법」상 취득세에 관한 설명으로 옳은 것은? (23회)

① 「민법」 등 관계법령에 따른 등기를 하지 아니한 부동산의 취득은 사실상 취득하더라도 취득한 것으로 볼 수 없다.

② 법인설립시에 발생하는 주식 또는 지분을 취득함으로써 과점주주가 된 경우에는 그 과점주주가 해당 법인의 부동산 등을 취득한 것으로 본다.

③ 국가, 지방자치단체 또는 지방자치단체조합에 귀속 또는 기부채납을 조건으로 취득하는 부동산에 대하여는 취득세를 부과하지 아니한다.

④ 법령이 정하는 고급오락장에 해당하는 임시건축물의 취득에 대하여는 존속기간에 상관없이 취득세를 부과하지 아니한다.

⑤ 「건축법」상 대수선으로 인해 공동주택을 취득한 경우에는 취득세를 부과하지 아니한다.

47 지방세법령상 취득세에 관한 설명으로 틀린 것은? (단, 지방세특례제한법령은 고려하지 않음) (35회)

① 대한민국 정부기관의 취득에 대하여 과세하는 외국정부의 취득에 대해서는 취득세를 부과한다.

② 토지의 지목을 사실상 변경함으로써 그 가액이 증가한 경우에는 취득으로 본다.

③ 국가에 귀속의 반대급부로 영리법인이 국가 소유의 부동산을 무상으로 양여받는 경우에는 취득세를 부과하지 아니한다.

④ 영리법인이 취득한 임시흥행장의 존속기간이 1년을 초과하는 경우에는 취득세를 부과한다.

⑤ 신탁(「신탁법」에 따른 신탁으로서 신탁등기가 병행되는 것만 해당한다)으로 인한 신탁재산의 취득 중 주택조합등과 조합원 간의 부동산 취득에 대해서는 취득세를 부과한다.

Chapter 02
등록면허세

과세대상

1. 취득을 원인으로 하는 등기 또는 등록 중 다음에 해당하는 것
    ① 광업권, 어업권, 양식업권의 취득에 따른 등록
    ② 외국인 소유의 차량 등의 연부취득에 따른 등기 또는 등록
    ③ 취득세 면세점에 해당하는 물건의 등기 또는 등록
    ④ 취득세 부과제척기간이 경과한 물건에 대한 등기 또는 등록
2. 취득원인 없이 하는 등기 또는 등록

01 「지방세법」상 등록면허세가 과세되는 등록 또는 등기가 <u>아닌</u> 것은? (단, 2026년 1월 1일 이후 등록 또는 등기한 것으로 가정함) (29회)

① 광업권의 취득에 따른 등록
② 외국인 소유의 선박을 직접 사용하기 위하여 연부취득 조건으로 수입하는 선박의 등록
③ 취득세 부과제척기간이 경과한 주택의 등기
④ 취득가액이 50만원 이하인 차량의 등록
⑤ 계약상의 잔금지급일이 2025년 12월 1일로 하는 부동산(취득가액 1억원)의 소유권이전등기

⚘ 과세표준과 표준세율

등기 원인				과세표준	표준세율
설 정	소유권	보존등기		부동산가액	1천분의 8
		이전등기	유 상 주 택	부동산가액	취득세율의 50%
			유 상 주택 외	부동산가액	1천분의 20
			무 상 상 속	부동산가액	1천분의 8
			무 상 상속 외	부동산가액	1천분의 15
	소유권 외	가등기	소유권 목적	부동산가액	1천분의 2
			담보목적	채권금액	
		지상권		부동산가액	
		지역권		요역지가액	
		전세권		전세금액	
		임차권		월 임대차금액	
		저당권, 경매신청, 가압류, 가처분		채권금액	
말소등기, 변경등기, 합필등기 등				건당	6천원

등록면허세액이 6천원보다 적은 경우에는 6천원으로 한다.

1. 일반적인 경우 : 등록당시 가액
   ① 원칙 : 신고가액
   ② 예외 : 시가표준액
      ㉠ 신고하지 아니한 경우
      ㉡ 신고가액이 시가표준액보다 적은 경우
2. 취득을 원인으로 하는 등기 또는 등록(단, 등록 당시에 자산재평가 또는 감가상각 등의 사유로 그 가액이 달라진 경우에는 변경된 가액을 과세표준으로 한다)
   ① 광업권, 어업권, 양식업권 : 취득당시 가액
   ② 외국인 소유의 차량 등의 연부취득 : 취득당시 가액
   ③ 취득세 면세점에 해당하는 경우 : 취득당시 가액
   ④ 취득세 부과제척기간이 경과 : 취득당시 가액과 등록당시 가액 중 큰 금액

02 「지방세법」상 부동산등기에 대한 등록면허세의 표준세율로 <u>틀린</u> 것은? (단, 부동산 등기에 대한 표준세율을 적용하여 산출한 세액이 그 밖의 등기 또는 등록세율보다 크다고 가정하며, 중과세 및 비과세와 「지방세특례제한법」은 고려하지 않음) (31회)

① 소유권 보존: 부동산가액의 1천분의 8
② 가처분: 부동산가액의 1천분의 2
③ 지역권 설정: 요역지가액의 1천분의 2
④ 전세권 이전: 전세금액의 1천분의 2
⑤ 상속으로 인한 소유권 이전: 부동산가액의 1천분의 8

03 「지방세법」상 부동산등기에 대한 등록면허세의 표준세율로 <u>틀린</u> 것은? (단, 표준세 율을 적용하여 산출한 세액이 부동산등기에 대한 그 밖의 등기 또는 등록세율보다 크다고 가정함) (28회)

① 전세권 설정등기: 전세금액의 1천분의 2
② 상속으로 인한 소유권이전등기: 부동산가액의 1천분의 8
③ 지역권 설정 및 이전등기: 요역지 가액의 1천분의 2
④ 임차권 설정 및 이전등기: 임차보증금의 1천분의 2
⑤ 저당권 설정 및 이전등기: 채권금액의 1천분의 2

04 「지방세법」상 등록면허세의 과세표준에 관한 설명으로 <u>틀린</u> 것은? (19회 변형)

① 부동산에 관한 등록면허세의 과세표준은 등록 당시의 가액으로 한다.
② 신고가액이 시가표준액보다 적은 경우에는 등록당시 시가표준액을 과세표준으로 한다.
③ 「지방세기본법」 제38조에 따른 취득세 부과제척기간이 경과한 물건의 등기 또는 등록의 경우 등록당시 가액과 취득당시 가액 중 납세자가 선택한 가액으로 한다.
④ 채권금액에 의하여 과세액을 정하는 경우 일정한 채권금액이 없을 때에는 채권 의 목적이 된 것 또는 처분의 제한의 목적이 된 금액을 그 채권금액으로 본다.
⑤ 감가상각의 사유로 변경된 가액을 과세표준으로 할 경우에는 등기·등록일 현 재의 법인장부 또는 결산서에 의하여 입증되는 가액을 과세표준으로 한다.

05 「지방세법」상 등록면허세에 관한 설명으로 틀린 것은? (24회 변형)

① 무덤과 이에 접속된 부속시설물의 부지로 사용되는 토지로서 지적공부상 지목이 묘지인 토지에 관한 등기에 대하여는 등록면허세를 부과하지 아니한다.

② 취득당시 가액을 등록면허세의 과세표준으로 하는 경우로서 등록 당시에 자산재평가의 사유로 그 가액이 달라진 때에는 자산재평가 전의 가액을 과세표준으로 한다.

③ 등록면허세 신고서상 금액과 공부상 금액이 다를 경우 공부상 금액을 과세표준으로 한다.

④ 부동산등기에 대한 등록면허세의 납세지는 부동산 소재지이나 그 납세지가 분명하지 아니한 경우에는 등록관청 소재지로 한다.

⑤ 채권자대위자는 납세의무자를 대위하여 부동산의 등기에 대한 등록면허세를 신고납부할 수 있다.

06 「지방세법」상 등록면허세에 관한 설명으로 틀린 것은? (28회)

① 같은 등록에 관계되는 재산이 둘 이상의 지방자치단체에 걸쳐 있어 등록면허세를 지방자치단체별로 부과할 수 없을 때에는 등록관청 소재지를 납세지로 한다.

② 「여신전문금융업법」 제2조 제12호에 따른 할부금융업을 영위하기 위하여 대도시에서 법인을 설립함에 따른 등기를 할 때에는 그 세율을 해당 표준세율의 100분의 300으로 한다. 단, 그 등기일부터 2년 이내에 업종변경이나 업종추가는 없다.

③ 무덤과 이에 접속된 부속시설물의 부지로 사용되는 토지로서 지적공부상 지목이 묘지인 토지에 관한 등기에 대하여는 등록면허세를 부과하지 아니한다.

④ 재산권 기타 권리의 설정·변경 또는 소멸에 관한 사항을 공부에 등기 또는 등록을 받는 등기·등록부상에 기재된 명의자는 등록면허세를 납부할 의무를 진다.

⑤ 지방자치단체의 장은 조례로 정하는 바에 따라 등록면허세 세율을 부동산등기에 대한 표준세율의 100분의 50의 범위에서 가감할 수 있다.

07 「지방세법」상 등록면허세에 관한 설명으로 옳은 것은? (26회)

① 부동산 등기에 대한 등록면허세 납세지는 부동산 소유자의 주소지이다.

② 등록을 하려는 자가 신고의무를 다하지 않은 경우 등록면허세 산출세액을 등록하기 전까지 납부하였을 때에는 신고·납부한 것으로 보지만 무신고가산세가 부과된다.

③ 상속으로 인한 소유권이전등기의 세율은 부동산가액의 1천분의 15로 한다.

④ 부동산을 등기하려는 자는 과세표준에 세율을 적용하여 산출한 세액을 등기를 하기 전까지 납세지를 관할하는 지방자치단체의 장에게 신고납부하여야 한다.

⑤ 대도시 밖에 있는 법인의 본점이나 주사무소를 대도시로 전입함에 따른 등기는 법인등기에 대한 세율의 100분의 200을 적용한다.

08 「지방세법」상 등록면허세에 관한 설명으로 틀린 것은? (23회)

① 등록면허세의 납세의무자가 신고를 하지 아니하고 등록을 하기 전까지 등록면허세를 납부한 경우 가산세를 징수한다.

② 등록면허세의 납세의무자는 재산권과 그 밖의 권리의 설정·변경 또는 소멸에 관한 사항을 공부에 등기 또는 등록을 하는 자이다.

③ 근저당권 설정등기의 경우 등록면허세의 납세의무자는 근저당권자이다.

④ 근저당권 말소등기의 경우 등록면허세의 납세의무자는 근저당권설정자 또는 말소대상 부동산의 현재 소유자이다.

⑤ 부동산등기에 대한 등록면허세의 납세지는 부동산 소재지를 원칙으로 한다.

09 「지방세법」상 등록면허세에 관한 설명으로 틀린 것은? (30회)

① 부동산 등기에 대한 등록면허세의 납세지는 부동산 소재지이다.

② 등록을 하려는 자가 법정신고기한까지 등록면허세 산출세액을 신고하지 않은 경우로서 등록 전까지 그 산출세액을 납부한 때에도 「지방세기본법」에 따른 무신고가산세가 부과된다.

③ 등기 담당 공무원의 착오로 인한 지번의 오기에 대한 경정 등기에 대해서는 등록면허세를 부과하지 아니한다.

④ 채권금액으로 과세액을 정하는 경우에 일정한 채권금액이 없을 때에는 채권의 목적이 된 것의 가액 또는 처분의 제한의 목적이 된 금액을 그 채권금액으로 본다.

⑤ 「한국은행법 및 한국수출입은행법」에 따른 은행업을 영위하기 위하여 대도시에서 법인을 설립함에 따른 등기를 한 법인이 그 등기일부터 2년 이내에 업종 변경이나 업종 추가가 없는 때에는 등록면허세의 세율을 중과하지 아니한다.

10 甲이 乙소유 부동산에 관해 전세권 설정등기를 하는 경우 「지방세법」상 등록에 대한 등록면허세에 관한 설명으로 **틀린** 것은? (29회)

① 등록면허세의 납세의무자는 전세권자인 甲이다.
② 부동산 소재지와 乙의 주소지가 다른 경우 등록면허세의 납세지는 乙의 주소지로 한다.
③ 전세권설정등기에 대한 등록면허세의 표준세율은 전세금액의 1,000분의 2이다.
④ 전세권설정등기에 대한 등록면허세의 산출세액이 건당 6천원보다 적을 때에는 등록면허세의 세액은 6천원으로 한다.
⑤ 만약 丙이 甲으로부터 전세권을 이전받아 등기하는 경우라면 등록면허세의 납세의무자는 丙이다.

11 거주자인 개인 乙은 甲이 소유한 부동산(시가 6억원)에 전세기간 2년, 전세보증금 3억원으로 하는 전세계약을 체결하고, 전세권설정등기를 하였다. 「지방세법」상 등록면허세에 관한 설명으로 **옳은** 것은? (32회)

① 과세표준은 6억원이다.
② 표준세율은 전세보증금의 1천분의 8이다.
③ 납부세액은 6천원이다.
④ 납세의무자는 乙이다.
⑤ 납세지는 甲의 주소지이다.

12 지방세법령상 등록에 대한 등록면허세에 관한 설명으로 **틀린** 것은? (단, 지방세관계법령상 감면 및 특례는 고려하지 않음) (34회)

① 같은 등록에 관계되는 재산이 둘 이상의 지방자치단체에 걸쳐 있어 등록면허세를 지방자치단체별로 부과할 수 없을 때에는 등록관청 소재지를 납세지로 한다.
② 지방자치단체의 장은 조례로 정하는 바에 따라 등록면허세의 세율을 부동산 등기에 따른 표준세율의 100분의 50의 범위에서 가감할 수 있다.
③ 주택의 토지와 건축물을 한꺼번에 평가하여 토지나 건축물에 대한 과세표준이 구분되지 아니하는 경우에는 한꺼번에 평가한 개별주택가격을 토지나 건축물의 가액 비율로 나눈 금액을 각각 토지와 건축물의 과세표준으로 한다.
④ 부동산의 등록에 대한 등록면허세의 과세표준은 등록자가 신고한 당시의 가액으로 하고, 신고가 없거나 신고가액이 시가표준액보다 많은 경우에는 시가표준액으로 한다.
⑤ 채권자대위자는 납세의무자를 대위하여 부동산의 등기에 대한 등록면허세를 신고납부할 수 있다.

13 「지방세법」상 등록면허세에 관한 설명으로 옳은 것은? (31회)

① 지방자치단체의 장은 등록면허세의 세율을 표준세율의 100분의 60의 범위에서 가감할 수 있다.

② 등록 당시에 감가상각의 사유로 가액이 달라진 경우 그 가액에 대한 증명여부에 관계없이 변경 전 가액을 과세표준으로 한다.

③ 부동산 등록에 대한 신고가 없는 경우 취득 당시 시가표준액의 100분의 110을 과세표준으로 한다.

④ 지목이 묘지인 토지의 등록에 대하여 등록면허세를 부과한다.

⑤ 부동산등기에 대한 등록면허세의 납세지는 부동산 소재지로 하며, 납세지가 분명하지 아니한 경우에는 등록관청 소재지로 한다.

14 「지방세법」상 등록에 대한 등록면허세에 관한 설명으로 틀린 것은? (33회)

① 채권금액으로 과세액을 정하는 경우에 일정한 채권금액이 없을 때에는 채권의 목적이 된 것의 가액 또는 처분의 제한의 목적이 된 금액을 그 채권금액으로 본다.

② 같은 채권의 담보를 위하여 설정하는 둘 이상의 저당권을 등록하는 경우에는 이를 하나의 등록으로 보아 그 등록에 관계되는 재산을 처음 등록하는 등록관청 소재지를 납세지로 한다.

③ 부동산등기에 대한 등록면허세의 납세지가 분명하지 아니한 경우에는 등록관청 소재지를 납세지로 한다.

④ 지상권 등기의 경우에는 특별징수의무자가 징수할 세액을 납부기한까지 부족하게 납부하면 특별징수의무자에게 과소납부분 세액의 100분의 1을 가산세로 부과한다.

⑤ 지방자치단체의 장은 채권자대위자의 부동산의 등기에 대한 등록면허세 신고납부가 있는 경우 납세의무자에게 그 사실을 즉시 통보하여야 한다.

15 지방세법령상 등록에 관한 등록면허세가 비과세되는 경우로 틀린 것은? (34회 변형)

① 지방자치단체조합이 자기를 위하여 받는 등록

② 무덤과 이에 접속된 부속시설물의 부지로 사용되는 토지로서 지적공부상 지목이 묘지인 토지에 관한 등기

③ 「채무자 회생 및 파산에 관한 법률」 제6조 제3항에 따른 등기 또는 등록

④ 대한민국 정부기관의 등록에 대하여 과세하는 외국정부의 등록

⑤ 등기 담당 공무원의 착오로 인한 주소 등의 단순한 표시변경 등기

16 「지방세법」상 취득세와 등록면허세의 신고납부에 관한 설명으로 옳은 것은? (단, 비과세 및 「지방세특례제한법」은 고려하지 않음) (31회)

① 상속으로 취득세 과세물건을 취득한 자는 상속개시일로부터 6개월 이내에 과세표준과 세액을 신고납부하여야 한다.

② 취득세 과세물건을 취득한 후 중과세 대상이 되었을 때에는 표준세율을 적용하여 산출한 세액에서 이미 납부한 세액(가산세 포함)을 공제한 금액을 세액으로 하여 신고납부하여야 한다.

③ 지목변경으로 인한 취득세 납세의무자가 신고를 하지 아니하고 매각하는 경우 산출세액에 100분의 80을 가산한 금액을 세액으로 하여 징수한다.

④ 등록을 하려는 자가 등록면허세 신고의무를 다하지 않고 산출세액을 등록 전까지 납부한 경우 「지방세기본법」에 따른 무신고가산세를 부과한다.

⑤ 등기·등록관서의 장은 등기 또는 등록 후에 등록면허세가 납부되지 아니하였거나 납부부족액을 발견한 경우에는 다음 달 10일까지 납세지를 관할하는 시장·군수·구청장에게 통보하여야 한다.

17 「지방세법」상 취득세와 등록면허세에 관한 설명으로 틀린 것은? (20회 변형)

① 취득세의 과세표준은 원칙적으로 취득 당시의 가액으로 한다. 다만, 연부로 취득하는 경우에는 연부금액(매회 사실상 지급하는 금액을 말하며, 취득금액에 포함되는 계약보증금을 포함한다)으로 한다.

② 부동산에 관한 등록면허세의 과세표준은 원칙적으로 등록 당시의 가액으로 한다.

③ 법정신고기한이 지난 날부터 1개월 이내에 취득세를 기한 후 신고한 경우에는 과소신고가산세의 100분의 50을 경감한다.

④ 유상거래를 원인으로 취득하는 주택(1세대 1주택에 해당함)의 취득가액이 9억 원인 경우 취득세의 표준세율은 1천분의 30이다.

⑤ 취득세와 등록면허세는 소액징수면제가 적용되지 아니한다.

18 「지방세법」상 취득세와 등록면허세에 관한 설명으로 **틀린** 것은? (21회)

① 부동산을 상호 교환하여 소유권이전등기를 하는 것은 무상승계취득에 해당하는 취득세의 세율을 적용한다.

② 국가에 귀속하는 것을 조건으로 취득하는 부동산에 대하여는 취득세를 부과하지 아니한다.

③ 대한민국 정부기관의 등기·등록에 대하여 과세하는 외국정부의 등기·등록의 경우, 등록면허세를 부과한다.

④ 甲소유의 미등기건물에 대하여 乙이 채권확보를 위해 법원의 판결에 의한 소유권보존등기를 甲의 명의로 등기할 경우, 등록면허세 납세의무는 甲에게 있다.

⑤ 존속기간이 1년을 초과하지 아니하는 임시건축물의 취득은 취득세를 부과하지 아니한다. 다만, 사치성 재산의 경우에는 그러하지 아니한다.

19 「지방세법」상 취득세 및 등록면허세에 관한 설명으로 **옳은** 것은? (27회)

① 취득세 과세물건을 취득한 후 중과세 세율 적용대상이 되었을 경우 60일 이내에 산출세액에서 이미 납부한 세액(가산세 포함)을 공제하여 신고납부하여야 한다.

② 취득세 과세물건을 취득한 자가 법정신고기한 내에 재산권의 취득에 관한 사항을 등기하는 경우 등기한 후 60일 내에 취득세를 신고납부하여야 한다.

③ 부동산을 유상(매매)거래로 승계취득하는 경우 취득세 과세표준은 시가인정액으로 한다.

④ 부동산가압류에 대한 등록면허세의 세율은 부동산가액의 1천분의 2로 한다.

⑤ 등록하려는 자가 신고의무를 다하지 아니하고 등록면허세 산출세액을 등록하기 전까지(신고기한이 있는 경우 신고기한까지) 납부하였을 때에는 신고납부한 것으로 본다.

20 「지방세법」상 취득세 및 등록면허세에 관한 설명으로 틀린 것은? (단, 법인이 아닌 자 간의 거래이며, 배우자 또는 직계존비속 간 거래는 아님) (22회 변형)

① 취득세 과세표준을 사실상 취득가격으로 하는 경우 부가가치세는 그 취득가격에 포함하지 아니한다.

② 무상(상속은 제외)으로 인한 소유권이전등기의 등록면허세 세율은 부동산가액의 1천분의 15이다.

③ 연부로 취득하는 경우 취득세 과세표준이 되는 연부금액은 매회 사실상 지급되는 금액을 말하며, 취득금액에 포함되는 계약보증금을 포함한다.

④ 시가표준액이 1억원을 초과하는 부동산을 무상취득(상속 제외)하는 경우 취득 당시 가액은 시가인정액으로 하되, 시가인정액을 산정하기 어려운 경우에는 시가표준액으로 한다.

⑤ 부동산등기에 대한 등록면허세로서 세액이 6천원 미만인 경우, 해당 등록면허세를 징수하지 아니한다.

재산세

01 「지방세법」상 재산세 과세대상에 속하는 것으로 옳게 묶인 것은? (19회)

㉠ 항공기	㉡ 시가표준액이 4천만원인 비업무용 자가용 선박
㉢ 고급주택	㉣ 카지노업에 사용되는 건축물
㉤ 과수원	㉥ 차량
㉦ 골프 회원권	㉧ 기계장비
㉨ 광업권	㉩ 법령에 의해 신고된 20타석 이상의 골프연습장

① ㉠, ㉢, ㉣, ㉤
② ㉡, ㉣, ㉨, ㉩
③ ㉠, ㉢, ㉥, ㉩
④ ㉡, ㉥, ㉦, ㉧
⑤ ㉤, ㉦, ㉧, ㉨

02 「지방세법」상 재산세 과세대상의 구분에 있어 주거용과 주거 외의 용도를 겸하는 건물 등에 관한 설명으로 옳은 것을 모두 고른 것은? (33회)

㉠ 1동(棟)의 건물이 주거와 주거 외의 용도로 사용되고 있는 경우에는 주거용으로 사용되는 부분만을 주택으로 본다.
㉡ 1구(構)의 건물이 주거와 주거 외의 용도로 사용되고 있는 경우 주거용으로 사용되는 면적이 전체의 100분의 60인 경우에는 주택으로 본다.
㉢ 주택의 부속토지의 경계가 명백하지 아니한 경우에는 그 주택의 바닥면적의 10배에 해당하는 토지를 주택의 부속토지로 한다.

① ㉠
② ㉢
③ ㉠, ㉡
④ ㉡, ㉢
⑤ ㉠, ㉡, ㉢

❤ 토지분 재산세 과세구분

1. 분리과세대상 토지
   ① 0.07% : 농지, 목장용지, 특정임야
   ② 0.2% : 군 지역 · 공업지역 · 산업단지 + 공장용지, 염전, 터미널 등
   ③ 4% : 사치성 토지(골프장, 고급오락장)
2. 별도합산과세대상 토지
   ① 일반건축물이 있는 부수토지
   ② 주거지역 · 상업지역 + 공장 부수토지
   ③ 사업에 이용하는 토지(차고용 토지, 운전면허학원 등)
3. 종합합산과세대상 토지
   ① 분리과세대상 및 별도합산과세대상 토지를 제외한 토지
   ② 기준면적 초과
   ③ 허가받지 아니한 또는 승인받지 아니한 건축물 부수토지
   ④ 토지가액 대비 건축물 가액이 100분의 2에 미달하는 경우로서 건축물 바닥면적을 제외한 부분
   ⑤ 영농에 사용하지 않는 농지
   ⑥ 주거지역 · 상업지역 · 공업지역 + 농지 또는 목장용지

03 「지방세법」상 분리과세대상 토지 중 재산세 표준세율이 <u>다른</u> 하나는? (20회)

① 과세기준일 현재 특별시지역의 도시지역 안의 녹지지역에서 실제 영농에 사용되고 있는 개인이 소유하는 전(田)
② 관계 법령에 따른 사회복지사업자가 복지시설이 소비목적으로 사용할 수 있도록 하기 위하여 소유하는 농지
③ 산림의 보호육성을 위하여 필요한 임야로서 「자연공원법」에 의하여 지정된 공원자연환경지구 안의 임야
④ 종중이 소유하고 있는 임야
⑤ 과세기준일 현재 계속 염전으로 실제 사용하고 있는 토지

04 「지방세법」상 재산세 과세대상 토지(비과세 또는 면제대상이 아님) 중 **과세표준이 증가함에 따라 재산세 부담이 누진적으로 증가할 수 있는 것은?** (18회)

① 과세기준일 현재 군 지역에서 실제 영농에 사용되고 있는 개인이 소유하고 있는 과수원

② 「건축법」 등 관계 법령의 규정에 따라 허가를 받아야 할 건축물로서 허가를 받지 아니한 건축물의 부속토지

③ 종중이 소유하고 있는 임야

④ 회원제 골프장용 토지로서 「체육시설의 설치·이용에 관한 법률」의 규정에 의한 등록대상이 되는 토지

⑤ 고급오락장으로 사용되는 건축물의 부속토지

05 「지방세법」상 재산세 종합합산과세대상 토지는? (29회 변형)

① 「문화유산의 보존 및 활용에 관한 법률」에 따른 지정문화유산 안의 임야

② 국가가 국방상의 목적 외에는 그 사용 및 처분 등을 제한하는 공장 구내의 토지

③ 건축물에서 허가 등이나 사용승인을 받지 아니하고 주거용으로 사용하는 면적이 전체 건축물 면적의 100분의 50 이상인 경우 그 건축물 부속토지

④ 「자연공원법」에 따라 지정된 공원자연환경지구의 임야

⑤ 「개발제한구역의 지정 및 관리에 관한 특별조치법」에 따른 개발제한보호구역의 임야

06 「지방세법」상 토지에 대한 재산세를 부과함에 있어서 **과세대상의 구분**(종합합산과세대상, 별도합산과세대상, 분리과세대상)**이 같은 것으로 묶인 것은?** (25회)

> ㉠ 종중이 소유하고 있는 임야
> ㉡ 「체육시설의 설치·이용에 관한 법률 시행령」 제12조에 따른 스키장 및 골프장용 토지 중 원형이 보전되는 임야
> ㉢ 과세기준일 현재 계속 염전으로 실제 사용하고 있는 토지
> ㉣ 「도로교통법」에 따라 등록된 자동차운전학원의 자동차운전학원용 토지로서 같은 법에서 정하는 시설을 갖춘 구역 안의 토지

① ㉠, ㉡   ② ㉡, ㉢   ③ ㉡, ㉣
④ ㉠, ㉡, ㉢   ⑤ ㉠, ㉢, ㉣

07 「지방세법」상 재산세의 과세대상 및 납세의무자에 관한 설명으로 옳은 것은? (단, 비과세는 고려하지 않음)   (31회 변형)

① 관계법령에 따라 허가 등을 받아야 함에도 불구하고 허가 등을 받지 않고 재산세 과세대상 물건을 공부상 등재현황과 달리 이용하는 경우로서 사실상 현황에 따라 재산세를 부과하면 오히려 재산세 부담이 낮아지는 경우에는 공부상 등재현황에 따라 재산세를 부과한다.

② 토지와 주택에 대한 재산세 과세대상은 종합합산과세대상, 별도합산과세대상 및 분리과세대상으로 구분한다.

③ 국가가 선수금을 받아 조성하는 매매용 토지로서 사실상 조성이 완료된 토지와 사용권을 무상으로 받은 자는 재산세를 납부할 의무가 없다.

④ 주택 부속토지의 경계가 명백하지 아니한 경우 그 주택의 바닥면적의 20배에 해당하는 토지를 주택의 부속토지로 한다.

⑤ 재산세 과세대상인 건축물의 범위에는 주택을 포함한다.

❧ 납세의무자

> 1. 원칙: 과세기준일 현재 사실상 소유자
> 2. 공유재산: 지분권자(지분의 표시가 없는 경우 지분은 균등한 것으로 본다)
> 3. 주택의 건물과 부수토지의 소유자가 다른 경우: 산출세액을 시가표준액 비율로 나누어 그 소유자
> 4. 신탁재산: 위탁자(단, 위탁자가 체납한 경우 수탁자는 신탁재산으로 납부할 의무가 있다)
> 5. 신고하지 아니하여 사실상 소유자를 확인할 수 없는 경우: 공부상 소유자
> 6. 파산재단에 속하는 재산: 공부상 소유자
> 7. 상속 + 등기하지 아니하고 + 신고하지 아니한 경우: 주된 상속자[상속지분이 가장 큰 자(둘 이상인 경우는 나이가 가장 많은 자)]
> 8. 소유권 귀속이 분명하지 아니한 경우: 사용자
> 9. 국가 등 + 연부 또는 선수금 + 사용권 무상: 매수계약자(받은 자)
> 10. 외국에서 수입하는 경우: 수입하는 자

08 「지방세법」상 재산세 납세의무에 관한 설명으로 옳은 것은? (24회)

① 재산세 과세기준일 현재 소유권의 귀속이 분명하지 아니하여 사실상의 소유자를 확인할 수 없는 경우 그 사용자가 재산세를 납부할 의무가 있다.

② 주택의 건물과 부속토지의 소유자가 다를 경우 그 주택에 대한 산출세액을 건축물과 그 부속토지의 면적 비율로 안분계산한 부분에 대하여 그 소유자를 납세의무자로 본다.

③ 국가와 재산세 과세대상 재산을 연부로 매수계약을 체결하고 그 재산의 사용권을 무상으로 받은 경우 매도계약자가 재산세를 납부할 의무가 있다.

④ 공부상의 개인 등의 명으로 등재되어 있는 사실상의 종중재산으로서 종중소유임을 신고하지 아니한 경우 종중을 납세의무자로 본다.

⑤ 공유재산인 경우 그 지분에 해당하는 부분에 대하여 그 지분권자를 납세의무자로 보되, 지분표시가 없는 경우 공유자 중 최연장자를 납세의무자로 본다.

09 「지방세법」상 재산세의 납세의무자에 관한 설명으로 틀린 것은? (21회)

① 재산세 납세의무자인지의 해당여부를 판단하는 기준시점은 재산세 과세기준일 현재로 한다.

② 재산세 과세대상 재산의 공부상 소유자를 그 재산에 대한 재산세 납세의무자로 하는 경우가 있다.

③ 재산세 과세대상 재산의 사용자를 그 재산에 대한 재산세 납세의무자로 하는 경우가 있다.

④ 지방자치단체와 재산세 과세대상 재산을 연부로 매매계약을 체결하고 그 재산의 사용권을 무상으로 부여받은 경우, 그 매수계약자를 납세의무자로 한다.

⑤ 재산세 과세대상 재산을 여러 사람이 공유하는 경우, 관할 지방자치단체가 지정하는 공유자 중 1인을 납세의무자로 본다.

10 「지방세법」상 재산세의 과세기준일 현재 납세의무자에 관한 설명으로 틀린 것은?

(28회)

① 공유재산인 경우 그 지분에 해당하는 부분(지분의 표시가 없는 경우에는 지분이 균등한 것으로 봄)에 대해서는 그 지분권자를 납세의무자로 본다.

② 소유권의 귀속이 분명하지 아니하여 사실상의 소유자를 확인할 수 없는 경우에는 그 사용자가 납부할 의무가 있다.

③ 지방자치단체와 재산세 과세대상 재산을 연부로 매매계약을 체결하고 그 재산의 사용권을 무상으로 받은 경우에는 그 매수계약자를 납세의무자로 본다.

④ 공부상에 개인 등의 명으로 등재되어 있는 사실상의 종중재산으로서 종중소유임을 신고하지 아니하였을 때에는 공부상 소유자를 납세의무자로 본다.

⑤ 상속이 개시된 재산으로서 상속등기가 이행되지 아니하고 사실상의 소유자를 신고하지 아니하였을 때에는 공동상속인 각자가 받았거나 받을 재산에 따라 납부할 의무를 진다.

11 「지방세법」상 과세기준일 현재 재산세의 납세의무자가 아닌 자는?

(19회)

① 재산세 과세대상인 재산을 지방자치단체와 연부(年賦)로 매매계약을 체결하고 그 재산의 사용권을 무상으로 부여받은 경우에는 그 매수계약자

② 공유재산인 경우 그 지분에 해당하는 부분에 대하여는 그 지분권자

③ 「신탁법」 제2조에 따른 수탁자의 명의로 등기 또는 등록된 신탁재산의 경우에는 같은 조에 따른 위탁자

④ 주택의 사실상 소유자와 사용자가 다른 경우에는 그 사용자

⑤ 「도시 및 주거환경정비법」에 의한 정비사업(주택재개발사업 및 도시환경정비사업에 한함)의 시행에 따른 환지계획에서 일정한 토지를 환지로 정하지 아니하고 체비지로 정한 경우에는 사업시행자

12 지방세법령상 재산세 과세기준일 현재 납세의무자로 틀린 것은? (35회)

① 공부상에 개인 등의 명의로 등재되어 있는 사실상의 종중재산으로서 종중소유임을 신고하지 아니하였을 경우: 종중

② 상속이 개시된 재산으로서 상속등기가 이행되지 아니하고 사실상의 소유자를 신고하지 아니하였을 경우: 행정안전부령으로 정하는 주된 상속자

③ 「도시 및 주거환경정비법」에 따른 정비사업(재개발사업만 해당한다)의 시행에 따른 환지계획에서 일정한 토지를 환지로 정하지 아니하고 체비지로 정한 경우: 사업시행자

④ 「채무자 회생 및 파산에 관한 법률」에 따른 파산선고 이후 파산종결의 결정까지 파산재단에 속하는 재산의 경우: 공부상 소유자

⑤ 지방자치단체와 재산세 과세대상 재산을 연부(年賦)로 매매계약을 체결하고 그 재산의 사용권을 무상으로 받은 경우: 그 매수계약자

13 「지방세법」상 재산세의 납세의무자에 관한 설명으로 틀린 것은? (25회)

① 상속이 개시된 재산으로서 상속등기가 이행되지 아니하고 사실상의 소유자를 신고하지 아니하였을 경우: 「민법」상 상속지분이 가장 높은 사람(상속지분이 가장 높은 사람이 두 명 이상이면 그중 나이가 가장 많은 사람)

② 「신탁법」 제2조에 따른 수탁자의 명의로 등기 또는 등록된 신탁재산의 경우: 그 수탁자

③ 국가가 선수금을 받아 조성하는 매매용 토지로서 사실상 조성이 완료된 토지의 사용권을 무상으로 받은 경우: 그 사용권을 무상으로 받은 자

④ 「도시개발법」에 따라 시행하는 환지방식에 의한 도시개발사업 및 「도시 및 주거환경정비법」에 따른 주택재개발사업의 시행에 따른 환지계획에서 일정한 토지를 환지로 정하지 아니하고 체비지로 정한 경우: 사업시행자

⑤ 공부상의 소유자가 매매 등의 사유로 소유권이 변동되었는데도 신고하지 아니하여 사실상의 소유자를 알 수 없을 때: 공부상 소유자

14 「지방세법」상 재산세 과세기준일 현재 납세의무자가 <u>아닌</u> 것을 모두 고른 것은?

(26회)

> ㉠ 5월 31일에 재산세 과세대상 재산의 매매잔금을 수령하고 소유권이전등기를 한 매도인
> ㉡ 공유물 분할등기가 이루어지지 아니한 공유토지의 지분권자
> ㉢ 「신탁법」 제2조에 따른 수탁자의 명의로 등기 또는 등록된 신탁재산의 그 수탁자
> ㉣ 도시환경정비사업시행에 따른 환지계획에서 일정한 토지를 환지로 정하지 아니하고 체비지로 정한 경우 종전 토지소유자

① ㉠, ㉡   ② ㉡, ㉣   ③ ㉠, ㉡, ㉣
④ ㉠, ㉢, ㉣   ⑤ ㉡, ㉢, ㉣

❧ 과세표준 및 표준세율

과세표준	과세대상		표준세율(±50%)
시가표준액 × 70%	토 지	분리과세	0.07%, 0.2%, 4%
		별도합산	3단계 초과누진세율 (0.2%~0.4%)
		종합합산	3단계 초과누진세율 (0.2%~0.5%)
시가표준액 × 60%	주 택	(고급주택 포함)	4단계 초과누진세율 (0.1%~0.4%)
시가표준액 × 70%	건축물	일반 건축물	0.25%
		주거 · 상업 + 공장	0.5%
		사치성	4%
시가표준액	선 박	일반선박	0.3%
		사치성(고급선박)	5%
시가표준액	항공기	─	0.3%

구 분		군 지역	상업지역, 주거지역
		공업지역, 산업단지	
공 장	건축물	0.25%	0.5%
	토 지	기준면적 이내 : 분리과세(0.2%)	기준면적 이내 : 별도합산(누진세)
		기준면적 초과 : 종합합산(누진세)	기준면적 초과 : 종합합산(누진세)

15 「지방세법」상 재산세의 과세표준과 세율에 관한 설명으로 옳은 것을 모두 고른 것은? (단, 법령에 따른 재산세의 경감은 고려하지 않음) (31회)

> ㉠ 지방자치단체의 장은 조례로 정하는 바에 따라 표준세율의 100분의 50의 범위에서 가감할 수 있으며, 가감한 세율은 해당 연도부터 3년간 적용한다.
> ㉡ 법령이 정한 고급오락장용 토지의 표준세율은 1천분의 40이다.
> ㉢ 주택(법령이 정하는 1세대 1주택은 아님)의 과세표준은 법령에 따른 시가표준액에 공정시장가액비율(시가표준액의 100분의 60)을 곱하여 산정한 가액으로 한다.

① ㉠   ② ㉢   ③ ㉠, ㉡
④ ㉡, ㉢   ⑤ ㉠, ㉡, ㉢

16 「지방세법」상 재산세의 과세표준과 세율에 관한 설명으로 옳은 것은? (22회)
① 지방자치단체의 장은 세율조정이 불가피하다고 인정되는 경우 조례로 정하는 바에 따라 표준세율의 100분의 50의 범위에서 가감할 수 있으며, 가감한 세율은 5년간 적용한다.
② 「건축법 시행령」에 따른 다가구주택은 1가구가 독립하여 구분사용할 수 있도록 분리된 부분을 1구의 주택으로 보며, 이 경우 부속토지는 건물면적의 비율에 따라 각각 나눈 면적을 1구의 부속토지로 본다.
③ 법령에 따른 고급주택은 1천분의 40, 그 밖의 주택은 누진세율을 적용한다.
④ 토지와 건물의 소유자가 다른 주택에 대해 세율을 적용할 때 해당 주택의 토지와 건물의 가액을 소유자별로 구분계산한 과세표준에 해당 세율을 적용한다.
⑤ 법령에 따른 고급주택의 재산세 과세표준은 시가표준액에 공정시장가액비율 100분의 70을 곱하여 산정한 가액이다.

17 「지방세법」상 재산세의 과세표준과 세율에 관한 설명으로 틀린 것은? (26회)
① 주택(법령이 정하는 1세대 1주택은 아님)에 대한 과세표준은 주택 시가표준액에 100분의 60의 공정시장가액비율을 곱하여 산정한다.
② 주택이 아닌 건축물에 대한 과세표준은 건축물 시가표준액에 100분의 70의 공정시장가액비율을 곱하여 산정한다.
③ 토지에 대한 과세표준은 사실상 취득가격이 증명되는 때에는 장부가액으로 한다.
④ 분리과세대상이 되는 토지에 대한 재산세는 해당 토지의 가액을 과세표준으로 하여 세율을 적용한다.
⑤ 주택에 대한 재산세는 주택별로 표준세율을 적용한다.

18 「지방세법」상 재산세의 표준세율에 관한 설명으로 <u>틀린</u> 것은?　　(23회 변형)

① 주택에 대한 재산세의 세율은 4단계 초과누진세율이다.

② 고급오락장용 건축물에 대한 재산세의 세율은 1천분의 50이다.

③ 종합합산과세대상 토지에 대한 재산세의 세율은 3단계 초과누진세율이다.

④ 시장·군수·구청장은 재해 등의 발생으로 세율조정이 불가피하다고 인정되는 경우 조례로 정하는 바에 따라 표준세율의 100분의 50 범위에서 가감할 수 있지만, 가감한 세율은 해당 연도에만 적용한다.

⑤ 건축물에 대한 재산세의 산출세액이 법령으로 정하는 방법에 따라 계산한 직전 연도의 해당 재산에 대한 재산세액 상당액의 100분의 150을 초과하는 경우에는 100분의 150에 해당하는 금액을 해당 연도에 징수할 세액으로 한다.

19 「지방세법」상 다음의 재산세 과세대상 중 가장 낮은 표준세율이 적용되는 것은?　　(21회 변형)

① 선박(고급선박 제외)

② 군(都) 지역에 소재하는 공장용 건축물

③ 분리과세대상 고급오락장용 토지

④ 고급오락장용 건축물

⑤ 분리과세대상 골프장용 토지

20 다음 중 「지방세법」상 가장 높은 재산세 표준세율이 적용되는 것은?　　(24회)

① 취득세 중과대상인 골프장용 토지

② 읍 지역 소재 공장용 건축물의 부속토지

③ 고급주택

④ 별도합산과세대상 차고용 토지

⑤ 종합합산과세대상 무허가 건축물의 부속토지

21 「지방세법」상 다음의 재산세 과세표준에 적용되는 표준세율 중 가장 낮은 것은?

(27회)

① 과세표준 5천만원인 종합합산과세대상 토지
② 과세표준 2억원인 별도합산과세대상 토지
③ 과세표준 20억원인 분리과세대상 목장용지
④ 과세표준 6천만원인 주택
⑤ 과세표준 10억원인 분리과세대상 공장용지

22 「지방세법」상 다음에 적용되는 재산세의 표준세율이 가장 높은 것은? (단, 재산세 도시지역분은 제외하고, 지방세관계법에 의한 특례는 고려하지 않음)

(32회)

① 과세표준이 5천만원인 종합합산과세대상 토지
② 과세표준이 2억원인 별도합산과세대상 토지
③ 과세표준이 1억원인 광역시의 군 지역에서 「농지법」에 따른 농업법인이 소유하는 농지로서 과세기준일 현재 실제 영농에 사용되고 있는 농지
④ 과세표준이 5억원인 「수도권정비계획법」에 따른 과밀억제권역 외의 읍·면 지역의 공장용 건축물
⑤ 과세표준이 1억 5천만원인 주택(1세대 1주택에 해당되지 않음)

23 「지방세법」상 재산세 표준세율이 초과누진세율로 되어 있는 재산세 과세대상을 모두 고른 것은?

(30회)

> ㉠ 별도합산과세대상 토지
> ㉡ 분리과세대상 토지
> ㉢ 광역시(군 지역은 제외) 지역에서 「국토의 계획 및 이용에 관한 법률」과 그 밖의 관계 법령에 따라 지정된 주거지역의 대통령령으로 정하는 공장용 건축물
> ㉣ 주택

① ㉠, ㉡   ② ㉠, ㉢   ③ ㉠, ㉣
④ ㉡, ㉢   ⑤ ㉢, ㉣

24 지방세법령상 재산세의 표준세율에 관한 설명으로 틀린 것은? (단, 지방세관계법령상 감면 및 특례는 고려하지 않음) (34회)

① 법령에서 정하는 고급선박 및 고급오락장용 건축물의 경우 고급선박의 표준세율이 고급오락장용 건축물의 표준세율보다 높다.

② 특별시 지역에서 「국토의 계획 및 이용에 관한 법률」과 그 밖의 관계 법령에 따라 지정된 주거지역 및 해당 지방자치단체의 조례로 정하는 지역의 대통령령으로 정하는 공장용 건축물의 표준세율은 과세표준의 1천분의 5이다.

③ 주택(법령으로 정하는 1세대 1주택은 아님)의 경우 표준세율은 최저 1천분의 1에서 최고 1천분의 4까지 4단계 초과누진세율로 적용한다.

④ 항공기의 표준세율은 1천분의 3으로 법령에서 정하는 고급선박을 제외한 그 밖의 선박의 표준세율과 동일하다.

⑤ 지방자치단체의 장은 특별한 재정수요나 재해 등의 발생으로 재산세의 세율 조정이 불가피하다고 인정되는 경우 조례로 정하는 바에 따라 표준세율의 100분의 50의 범위에서 가감할 수 있다. 다만, 가감한 세율은 해당 연도를 포함하여 3년간 적용한다.

25 「지방세법」상 재산세 과세대상에 대한 표준세율 적용에 관한 설명으로 틀린 것은? (27회)

① 납세의무자가 해당 지방자치단체 관할 구역에 소유하고 있는 종합합산과세대상 토지의 가액을 모두 합한 금액을 과세표준으로 하여 종합합산과세대상의 세율을 적용한다.

② 납세의무자가 해당 지방자치단체 관할 구역에 소유하고 있는 별도합산과세대상 토지의 가액을 모두 합한 금액을 과세표준으로 하여 별도합산과세대상의 세율을 적용한다.

③ 분리과세대상이 되는 해당 토지의 가액을 과세표준으로 하여 분리과세대상의 세율을 적용한다.

④ 납세의무자가 해당 지방자치단체 관할 구역에 2개 이상의 주택을 소유하고 있는 경우 그 주택의 가액을 모두 합한 금액을 과세표준으로 하여 주택의 세율을 적용한다.

⑤ 주택에 대한 토지와 건물의 소유자가 다를 경우 해당 주택의 토지와 건물의 가액을 합산한 과세표준에 주택의 세율을 적용한다.

☙ 납세절차

1. 재산세는 관할 지방자치단체의 장이 세액을 산정하여 보통징수의 방법으로 부과징수한다.

2. 재산세를 징수하려면 토지, 건축물 주택, 선박 및 항공기로 구분한 납세고지서에 과세표준과 세액을 적어 늦어도 납기개시 5일 전까지 발급하여야 한다.

3. 고지서상 납부기간

   ① 7월(16일 ~ 31일) : 건축물, 선박, 항공기, 주택의 1/2

   ② 9월(16일 ~ 30일) : 토지, 주택의 1/2

   ③ 주택분 재산세액이 20만원 이하인 경우에는 조례로 정하는 바에 따라 납기를 7월 16일부터 7월 31일까지로 하여 한꺼번에 부과·징수할 수 있다.

4. 수시부과할 사유가 발생하면 수시로 부과·징수할 수 있다.

5. 분할납부

   ① 납부할 세액이 250만원 초과 + 납부기한이 지난 날부터 3개월 이내

   ② 신청 : 납부기한까지 신청

   ③ 분할납부 금액

      ㉠ 500만원 이하 : 250만원 초과분

      ㉡ 500만원 초과 : 그 세액의 100분의 50 이하의 금액

6. 물 납

   ① 납부할 세액이 1천만원 초과 + 관할구역 내의 부동산

   ② 신청 : 납부기한 10일 전까지 신청

   ③ 허가여부 통지 : 신청한 날부터 5일 이내

   ④ 평가 : 과세기준일 현재의 시가

7. 납부유예

   ① 1세대 1주택(시가표준액이 9억원을 초과하는 주택을 포함)자로서 일정요건을 충족한 경우

   ② 신청 : 납부기한 만료 3일 전까지

8. 소액징수면제 : 고지서 1장당 재산세로 징수할 세액이 2천원 미만인 경우에는 해당 재산세를 징수하지 아니한다.

9. 상 한

   ① 주택 : 과세표준 상한(5%)

   ② 토지, 건축물 : 세부담 상한(150%)

26 지방세법령상 재산세의 부과·징수에 관한 설명으로 틀린 것은? (34회)

① 주택에 대한 재산세의 경우 해당 연도에 부과·징수할 세액의 2분의 1은 매년 7월 16일부터 7월 31일까지, 나머지 2분의 1은 9월 16일부터 9월 30일까지로 한다. 다만, 해당 연도에 부과할 세액이 20만원 이하인 경우에는 조례로 정하는 바에 따라 납기를 9월 16일부터 9월 30일까지로 하여 한꺼번에 부과·징수할 수 있다.

② 재산세는 관할 지방자치단체의 장이 세액을 산정하여 보통징수의 방법으로 부과·징수한다.

③ 재산세를 징수하려면 토지, 건축물, 주택, 선박 및 항공기로 구분한 납세고지서에 과세표준과 세액을 적어 늦어도 납기개시 5일 전까지 발급하여야 한다.

④ 재산세의 과세기준일은 매년 6월 1일로 한다.

⑤ 고지서 1장당 재산세로 징수할 세액이 2천원 미만인 경우에는 해당 재산세를 징수하지 아니한다.

27 「지방세법」상 재산세 부과·징수에 관한 설명으로 틀린 것은? (26회 변형)

① 해당 연도에 주택에 부과할 세액이 100만원인 경우 납기를 7월 16일부터 7월 31일까지로 하여 한꺼번에 부과·징수한다.

② 재산세를 징수하려면 토지, 건축물, 주택, 선박 및 항공기로 각각 구분된 납세고지서에 과세표준과 세액을 적어 늦어도 납기개시 5일 전까지 발급하여야 한다.

③ 납세고지서를 발급하는 경우 토지 외의 재산에 대한 재산세는 건축물·주택·선박 및 항공기로 구분하여 과세대상 물건마다 각각 한 장의 납세고지서로 발급하거나, 물건의 종류별로 한 장의 고지서로 발급할 수 있다.

④ 재산세는 관할 지방자치단체의 장이 세액을 산정하여 보통징수의 방법으로 부과·징수한다.

⑤ 고지서 1장당 징수할 세액이 2천원 미만인 경우에는 해당 재산세를 징수하지 아니한다.

28 「지방세법」상 재산세의 부과·징수에 관한 설명으로 옳은 것은 모두 몇 개인가? (단, 비과세는 고려하지 않음) (31회)

> • 재산세의 과세기준일은 매년 6월 1일로 한다.
> • 토지의 재산세 납기는 매년 7월 16일부터 7월 31일까지이다.
> • 지방자치단체의 장은 재산세의 납부할 세액이 500만원 이하인 경우 250만원을 초과하는 금액은 납부기한이 지난 날부터 3개월 이내에 분할납부하게 할 수 있다.
> • 재산세는 관할 지방자치단체의 장이 세액을 산정하여 특별징수의 방법으로 부과·징수한다.

① 0개   ② 1개   ③ 2개
④ 3개   ⑤ 4개

29 「지방세법」상 재산세의 부과·징수에 관한 설명으로 틀린 것은? (25회 변형)

① 재산세는 관할 지방자치단체의 장이 세액을 산정하여 보통징수의 방법으로 부과·징수한다.

② 고지서 1장당 재산세로 징수할 세액이 2천원 미만인 경우에는 해당 재산세를 징수하지 아니한다.

③ 지방자치단체의 장은 법률상 요건을 충족하는 납세의무자가 1세대 1주택(시가표준액이 9억원을 초과한 주택을 포함한다)의 재산세액의 납부유예를 그 납부기한 만료 3일 전까지 신청하는 경우 이를 허가할 수 있다.

④ 수탁자 명의로 등기·등록된 신탁재산의 수탁자는 과세기준일부터 15일 이내에 그 소재지를 관할하는 지방자치단체의 장에게 그 사실을 알 수 있는 증거자료를 갖추어 신고하여야 한다.

⑤ 주택에 대한 재산세의 산출세액이 대통령령으로 정하는 방법에 따라 계산한 직전 연도의 해당 재산에 대한 재산세액 상당액의 100분의 150을 초과하는 경우에는 100분의 150에 해당하는 금액을 해당 연도에 징수할 세액으로 한다.

30 「지방세법」상 재산세의 부과·징수에 관한 설명으로 **틀린** 것은? (단, 세액변경이나 수시부과사유는 없음) (29회)

① 토지분 재산세 납기는 매년 9월 16일부터 9월 30일까지이다.

② 선박분 재산세 납기는 매년 7월 16일부터 7월 31일까지이다.

③ 재산세를 징수하려면 재산세 납세고지서를 납기개시 5일 전까지 발급하여야 한다.

④ 주택분 재산세로서 해당 연도에 부과할 세액이 20만원 이하인 경우 9월 30일을 납기로 한꺼번에 부과·징수한다.

⑤ 재산세를 물납하려는 자는 납부기한 10일 전까지 납세지를 관할하는 시장·군수·구청장에게 물납을 신청하여야 한다.

31 「지방세법」상 재산세 징수에 관한 설명으로 **틀린** 것은? (20회 변형)

① 납세의무자는 재산세의 납부세액이 500만원을 초과하는 경우, 납부할 세액의 전부를 분할납부할 수 있다.

② 고지서 1장당 재산세로 징수할 세액이 2천원 미만인 경우에는 해당 재산세를 징수하지 아니한다.

③ 납세의무자는 재산세의 납부세액이 1천만원을 초과하는 경우, 당해 지방자치단체의 관할 구역 안에 소재하는 부동산에 한하여 법령이 정하는 바에 따라 물납할 수 있다.

④ 토지분 재산세의 납부기간은 매년 9월 16일부터 9월 30일까지이다.

⑤ 보통징수 방법에 의하여 부과·징수한다.

32 「지방세법」상 재산세 납부에 관한 설명으로 **틀린** 것은? (24회)

① 건축물에 대한 재산세 납기는 매년 7월 16일부터 7월 31일까지이다.

② 주택에 대한 재산세(해당 연도에 부과할 세액이 20만원을 초과함)의 납기는 해당 연도에 부과·징수할 세액의 2분의 1은 매년 7월 16일부터 7월 31일까지, 나머지 2분의 1은 9월 16일부터 9월 30일까지이다.

③ 지방자치단체의 장은 재산세 납부세액이 1천만원을 초과하는 경우 납세의무자의 신청을 받아 관할구역에 관계없이 해당 납세자의 부동산에 대하여 법령으로 정하는 바에 따라 물납을 허가할 수 있다.

④ 재산세 납부세액이 1천만원을 초과하여 재산세를 물납하려는 자는 법령으로 정하는 서류를 갖추어 그 납부기한 10일 전까지 납세지를 관할하는 시장·군수·구청장에게 신청하여야 한다.

⑤ 재산세 납부세액이 250만원을 초과하여 재산세를 분할납부하려는 자는 재산세 납부기한까지 법령으로 정하는 신청서를 시장·군수·구청장에게 제출하여야 한다.

33 「지방세법」상 재산세의 부과·징수에 관한 설명으로 **틀린** 것을 모두 고른 것은? (22회)

> ㉠ 해당 연도에 부과할 토지분 재산세액이 20만원 이하인 경우, 조례로 정하는 바에 따라 납기를 7월 16일부터 7월 31일까지로 하여 한꺼번에 부과·징수할 수 있다.
> ㉡ 지방자치단체의 장은 과세대상의 누락 등으로 이미 부과한 재산세액을 변경하여야 할 사유가 발생하더라도 수시로 부과·징수할 수 없다.
> ㉢ 재산세 물납을 허가하는 부동산의 가액은 매년 12월 31일 현재의 시가로 평가한다.

① ㉠   ② ㉡   ③ ㉠, ㉢
④ ㉡, ㉢   ⑤ ㉠, ㉡, ㉢

34 「지방세법」상 재산세의 물납에 관한 설명으로 틀린 것은? (28회)

① 「지방세법」상 물납의 신청 및 허가 요건을 충족하고 재산세(재산세 도시지역분 포함)의 납부세액이 1천만원을 초과하는 경우 물납이 가능하다.

② 서울특별시 강남구와 경기도 성남시에 부동산을 소유하고 있는 자가 성남시 소재 부동산에 대하여 부과된 재산세의 물납은 성남시 내에 소재하는 부동산만 가능하다.

③ 물납허가를 받은 부동산을 법령으로 정하는 바에 따라 물납하였을 때에는 납부기한 내에 납부한 것으로 본다.

④ 물납하려는 자는 법령으로 정하는 서류를 갖추어 그 납부기한 10일 전까지 납세지를 관할하는 시장·군수·구청장에게 신청하여야 한다.

⑤ 물납 신청 후 불허가 통지를 받은 경우에 해당 시·군·구의 다른 부동산으로의 변경신청은 허용되지 않으며 금전으로만 납부하여야 한다.

35 지방세법령상 재산세의 물납에 관한 설명으로 옳은 것을 모두 고른 것은? (35회)

> ㉠ 지방자치단체의 장은 재산세의 납부세액이 1천만원을 초과하는 경우에는 납세의무자의 신청을 받아 해당 지방자치단체의 관할구역에 있는 부동산에 대하여만 대통령령으로 정하는 바에 따라 물납을 허가할 수 있다.
>
> ㉡ 시장·군수·구청장은 법령에 따라 불허가 통지를 받은 납세의무자가 그 통지를 받은 날부터 10일 이내에 해당 시·군·구의 관할구역에 있는 부동산으로 관리·처분이 가능한 다른 부동산으로 변경 신청하는 경우에는 변경하여 허가할 수 있다.
>
> ㉢ 물납을 허가하는 부동산의 가액은 물납 허가일 현재의 시가로 한다.

① ㉠ ② ㉢ ③ ㉠, ㉡

④ ㉡, ㉢ ⑤ ㉠, ㉡, ㉢

36 「지방세법」상 재산세의 비과세 대상이 <u>아닌</u> 것은? (단, 아래의 답항별로 주어진 자료 외의 비과세 요건은 충족된 것으로 가정함) (28회)

① 임시로 사용하기 위하여 건축된 건축물로서 재산세 과세기준일 현재 1년 미만의 것

② 재산세를 부과하는 해당 연도에 철거하기로 계획이 확정되어 재산세 과세기준일 현재 행정관청으로부터 철거명령을 받은 주택과 그 부속토지인 대지

③ 농업용 구거와 자연유수의 배수처리에 제공하는 구거

④ 「군사기지 및 군사시설 보호법」에 따른 군사기지 및 군사시설 보호구역 중 통제보호구역에 있는 토지(전·답·과수원 및 대지는 제외)

⑤ 「도로법」에 따른 도로(도로의 부속물 중 도로관리시설, 휴게시설, 주유소, 충전소, 교통·관광안내소 및 도로에 연접하여 설치한 연구시설은 제외한다)와 그 밖에 일반인의 자유로운 통행을 위하여 제공할 목적으로 개설한 사설도로(「건축법 시행령」 제80조의2에 따른 대지 안의 공지는 제외)

37 「지방세법」상 재산세 비과세 대상에 해당하는 것은? (단, 주어진 조건 외에는 고려하지 않음) (30회)

① 지방자치단체가 1년 이상 공용으로 사용하는 재산으로서 유료로 사용하는 재산

② 「한국농어촌공사 및 농지관리기금법」에 따라 설립된 한국농어촌공사가 같은 법에 따라 농가에 공급하기 위하여 소유하는 농지

③ 「공간정보의 구축 및 관리 등에 관한 법률」에 따른 제방으로서 특정인이 전용하는 제방

④ 「군사기지 및 군사시설 보호법」에 따른 군사기지 및 군사시설 보호구역 중 통제보호구역에 있는 전·답

⑤ 「산림자원의 조성 및 관리에 관한 법률」에 따라 지정된 채종림·시험림

38 「지방세법」상 재산세에 관한 설명으로 옳은 것은? (27회)

① 과세기준일은 매년 7월 1일이다.

② 주택의 정기분 납부세액이 50만원인 경우 세액의 2분의 1은 7월 16일부터 7월 31일까지, 나머지는 10월 16일부터 10월 31일까지를 납기로 한다.

③ 토지의 정기분 납부세액이 9만원인 경우 조례에 따라 납기를 7월 16일부터 7월 31일까지로 하여 한꺼번에 부과·징수할 수 있다.

④ 과세기준일 현재 공부상의 소유자가 매매로 소유권이 변동되었는데도 신고하지 아니하여 사실상의 소유자를 알 수 없는 경우 그 공부상의 소유자가 아닌 사용자에게 재산세 납부의무가 있다.

⑤ 지방자치단체의 장은 재산세의 납부세액이 250만원을 초과하는 경우 법령에 따라 납부할 세액의 일부를 납부기한이 지난 날부터 3개월 이내에 분할납부하게 할 수 있다.

39 「지방세법」상 재산세에 관한 설명으로 틀린 것은? (단, 주어진 조건 외에는 고려하지 않음) (32회)

① 토지에 대한 재산세의 과세표준은 시가표준액에 공정시장가액비율(100분의 70)을 곱하여 산정한 가액으로 한다.

② 지방자치단체가 1년 이상 공용으로 사용하는 재산으로서 유료로 사용하는 경우에는 재산세를 부과한다.

③ 재산세 물납신청을 받은 시장·군수·구청장이 물납을 허가하는 경우 물납을 허가하는 부동산의 가액은 물납허가일 현재의 시가로 한다.

④ 주택의 토지와 건물 소유자가 다를 경우 해당 주택에 대한 세율을 적용할 때 해당 주택의 토지와 건물의 가액을 합산한 과세표준에 주택의 세율을 적용한다.

⑤ 주택의 과세표준이 과세표준상한액보다 큰 경우 해당 주택의 과세표준은 과세표준상한액으로 한다.

40 지방세법령상 재산세에 관한 설명으로 옳은 것은? (단, 주어진 조건 외에는 고려하지 않음)   (35회)

① 특별시 지역에서 「국토의 계획 및 이용에 관한 법률」에 따라 지정된 주거지역의 대통령령으로 정하는 공장용 건축물의 표준세율은 초과누진세율이다.

② 수탁자 명의로 등기·등록된 신탁재산의 수탁자는 과세기준일부터 15일 이내에 그 소재지를 관할하는 지방자치단체의 장에게 그 사실을 알 수 있는 증거자료를 갖추어 신고하여야 한다.

③ 주택의 토지와 건물 소유자가 다를 경우 해당 주택에 대한 세율을 적용할 때 해당 주택의 토지와 건물의 가액을 소유자별로 구분계산한 과세표준에 세율을 적용한다.

④ 주택의 재산세로서 해당 연도에 부과할 세액이 20만원 이하인 경우에는 납기를 9월 16일부터 9월 30일까지로 하여 한꺼번에 부과·징수할 수 있다.

⑤ 지방자치단체의 장은 과세대상의 누락으로 이미 부과한 재산세액을 변경하여야 할 사유가 발생하여도 수시로 부과·징수할 수 없다.

41 「지방세법」상 재산세에 관한 설명으로 옳은 것은?   (30회)

① 건축물에 대한 재산세의 납기는 매년 9월 16일에서 9월 30일이다.

② 재산세의 과세대상 물건이 공부상 등재 현황과 사실상의 현황이 다른 경우에는 공부상 등재 현황에 따라 재산세를 부과한다.

③ 주택에 대한 재산세는 납세의무자별로 해당 지방자치단체의 관할 구역에 있는 주택의 과세표준을 합산하여 주택의 세율을 적용한다.

④ 지방자치단체의 장은 재산세의 납부세액(재산세 도시지역분 포함)이 1천만원을 초과하는 경우에는 납세의무자의 신청을 받아 해당 지방자치단체의 관할 구역에 있는 부동산에 대하여만 대통령령으로 정하는 바에 따라 물납을 허가할 수 있다.

⑤ 주택(법령으로 정하는 1세대 1주택은 아님)에 대한 재산세의 과세표준은 시가표준액의 100분의 70으로 한다.

42 「지방세법」상 재산세에 관한 설명으로 틀린 것은? (21회)

① 재산세의 과세표준을 시가표준액에 공정시장가액비율을 곱하여 산정할 수 있는 대상은 토지와 주택에 한한다.

② 지방자치단체가 유료로 공공용에 사용하는 개인 소유의 토지에는 재산세를 부과한다.

③ 시장·군수는 과세대상의 누락으로 인하여 이미 부과한 재산세액을 변경하여야 할 사유가 발생한 때에는 이를 수시로 부과·징수할 수 있다.

④ 재산세는 법정요건을 충족하면 조례에 의하여 표준세율의 100분의 50의 범위 안에서 가감조정할 수 있으며, 가감한 세율은 해당 연도에만 적용한다.

⑤ 해당 토지에 대한 재산세의 산출세액이 법령으로 정하는 방법에 따라 계산한 직전 연도의 해당 재산에 대한 재산세액 상당액의 100분의 150을 초과하는 경우에는 100분의 150에 해당하는 금액을 해당 연도에 징수할 세액으로 한다.

43 「지방세법」상 재산세에 관한 설명으로 틀린 것은? (20회)

① 지방자치단체의 소유에 속하는 재산에 대해서는 재산세를 부과하지 아니한다.

② 국가가 1년 이상 공용에 유료로 사용하는 재산에 대하여는 재산세를 부과하지 아니한다.

③ 과세기준일 현재 상속이 개시된 재산으로서 상속등기가 이행되지 아니하고 사실상의 소유자를 신고하지 아니한 때에는 법령이 정하는 주된 상속자가 재산세를 납부할 의무가 있다.

④ 과세대상인 건물을 구분함에 있어서 1구의 건물이 주거와 주거 외의 용도에 겸용되는 경우, 주거용으로 사용되는 면적이 전체의 100분의 50 이상인 경우에는 주택으로 본다.

⑤ 과세기준일 현재 소유권의 귀속이 분명하지 아니하여 사실상의 소유자를 확인할 수 없는 경우에는 그 사용자가 재산세를 납부할 의무가 있다.

44 「지방세법」상 재산세에 관한 설명으로 옳은 것을 모두 고른 것은?　(22회 변형)

> ㉠ 납부통지서를 수탁자에게 고지한 후 재산세 납세의무자인 위탁자가 신탁의 이익을 받을 권리를 포기 또는 이전하거나 신탁재산을 양도하는 경우에도 고지된 부분에 대한 납세의무에는 영향을 미치지 아니한다.
> ㉡ 국가가 선수금을 받아 조성하는 매매용 토지로서 사실상 조성이 완료된 토지의 사용권을 무상으로 받은 자는 재산세를 납부할 의무가 없다.
> ㉢ 임시로 사용하기 위하여 건축된 건축물로서 재산세 과세기준일 현재 1년 미만의 법령에 따른 고급오락장은 재산세를 부과하지 아니한다.

① ㉠　　　　　　　　　② ㉡　　　　　　　　　③ ㉠, ㉢
④ ㉡, ㉢　　　　　　　　⑤ ㉠, ㉡, ㉢

45 「지방세법」상 재산세에 관한 설명으로 **틀린** 것은? (단, 주어진 조건 외에는 고려하지 않음)　(33회)

① 재산세 과세기준일 현재 공부상에 개인 등의 명으로 등재되어 있는 사실상의 종중재산으로서 종중소유임을 신고하지 아니하였을 때에는 공부상 소유자는 재산세를 납부할 의무가 있다.

② 지방자치단체가 1년 이상 공용으로 사용하는 재산에 대하여는 소유권의 유상이전을 약정한 경우로서 그 재산을 취득하기 전에 미리 사용하는 경우 재산세를 부과하지 아니한다.

③ 재산세 과세기준일 현재 소유권의 귀속이 분명하지 아니하여 사실상의 소유자를 확인할 수 없는 경우에는 그 사용자가 재산세를 납부할 의무가 있다.

④ 재산세의 납기는 토지의 경우 매년 9월 16일부터 9월 30일까지이며, 건축물의 경우 매년 7월 16일부터 7월 31일까지이다.

⑤ 재산세의 납기에도 불구하고 지방자치단체의 장은 과세대상 누락, 위법 또는 착오 등으로 인하여 이미 부과한 세액을 변경하거나 수시부과하여야 할 사유가 발생하면 수시로 부과·징수할 수 있다.

46 거주자 甲은 2025년 2월 20일 거주자 乙로부터 국내 소재 상업용 건축물(오피스텔 아님)을 취득하고, 2025년 10월 현재 소유하고 있다. 이 경우 2025년도분 甲의 재산세에 관한 설명으로 **틀린** 것은? (단, 사기나 그 밖의 부정한 행위 및 수시부과사유는 없음) (23회)

① 甲의 재산세 납세의무는 2025년 6월 1일에 성립한다.

② 甲의 재산세 납세의무는 과세표준과 세액을 지방자치단체에 신고하여 확정된다.

③ 甲의 건축물분에 대한 재산세 납기는 2025년 7월 16일부터 7월 31일까지이다.

④ 甲의 재산세 납세의무는 2030년 5월 31일까지 지방자치단체가 부과하지 아니하면 소멸한다.

⑤ 甲의 재산세 납부세액이 1천만원을 초과하는 경우에는 물납신청이 가능하다.

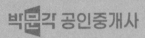
박문각 공인중개사

PART

03

국 세

종합부동산세

❧ 과세대상

구 분		재산세	종합부동산세	
토 지	분리과세	비례세	×	
	별도합산	누진세 0.2%~0.4%	80억원 초과	누진세 0.5%~0.7%
	종합합산	누진세 0.2%~0.5%	5억원 초과	누진세 1%~3%
주 택 (고급주택 포함)		누진세 0.1%~0.4%	개 인 / 9억원 초과 (1주택: 12억원)	누진세 • 2주택 이하: 0.5%~2.7% • 3주택 이상: 0.5%~5%
			법 인 / 0원 초과	비례세 • 2주택 이하: 2.7% • 3주택 이상: 5%
건축물		비례세	×	
선 박		비례세	×	
항공기		비례세	×	

01 「종합부동산세법」상 종합부동산세의 과세대상이 <u>아닌</u> 것을 모두 고른 것은? (24회)

> ⊙ 종중(宗中)이 소유하는 농지
> ⓛ 「수도법」에 따른 상수원보호구역의 임야
> ⓒ 「지방세법」에 따라 재산세가 비과세되는 토지
> ② 취득세 중과세대상인 고급오락장용 건축물

① ⊙, ⓛ   ② ⓛ, ⓒ   ③ ⓒ, ②
④ ⊙, ⓛ, ②   ⑤ ⊙, ⓛ, ⓒ, ②

02 종합부동산세의 과세기준일 현재 과세대상자산이 <u>아닌</u> 것을 모두 고른 것은? (단, 주어진 조건 외에는 고려하지 않음) (26회)

> ㉠ 여객자동차운송사업 면허를 받은 자가 그 면허에 따라 사용하는 차고용 토지(자동차운송사업의 최저보유차고면적기준의 1.5배에 해당하는 면적 이내의 토지)의 공시가격이 100억원인 경우
> ㉡ 국내에 있는 부부공동명의(지분비율이 동일함)로 된 1세대 1주택의 공시가격이 10억원인 경우
> ㉢ 공장용 건축물
> ㉣ 회원제 골프장용 토지(회원제 골프장업의 등록시 구분등록의 대상이 되는 토지)의 공시가격이 100억원인 경우

① ㉠, ㉡   ② ㉢, ㉣   ③ ㉠, ㉡, ㉢
④ ㉠, ㉢, ㉣   ⑤ ㉡, ㉢, ㉣

03 「종합부동산세법」상 종합부동산세의 과세대상인 것은? (23회 변형)

① 고급오락장용 건축물 부수토지
② 관계 법령에 따른 사회복지사업자가 복지시설이 소비목적으로 사용할 수 있도록 하기 위하여 소유하는 농지
③ 상업용 건축물(오피스텔 제외)
④ 공장용 건축물
⑤ 「건축법」 등 관계 법령에 따라 허가 등을 받아야 할 건축물로서 허가 등을 받지 아니한 건축물의 부속토지

☞ 주택분 종합부동산세

구 분		개 인		법 인
		일반적인 경우	1세대 1주택	
	공시가격 합계	합계액	합계액	합계액
−	과세기준금액	9억원	12억원	0원
×	공정시장가액비율	60%	60%	60%
=	과세표준			
×	세율	7단계 누진세	7단계 누진세	비례세
	2주택 이하	0.5%~2.7%	0.5%~2.7%	2.7%
	3주택 이상	0.5%~5%	−	5%
=	산출세액			
−	재산세 과세분			
−	세액공제		연령별 장기보유	
=	납부할 세액			
	세부담 상한	150%	150%	없음

04 「종합부동산세법」상 1세대 1주택자에 관한 설명으로 옳은 것은? (32회)

① 과세기준일 현재 세대원 중 1인과 그 배우자만이 공동으로 1주택을 소유하고 해당 세대원 및 다른 세대원이 다른 주택을 소유하지 아니한 경우 신청하지 않더라도 공동명의 1주택자를 해당 1주택에 대한 납세의무자로 한다.

② 합산배제 신고한 「근현대문화유산의 보존 및 활용에 관한 법률」에 따른 등록문화유산에 해당하는 주택은 1세대가 소유한 주택 수에서 제외한다.

③ 1세대가 일반 주택과 합산배제 신고한 임대주택을 각각 1채씩 소유한 경우 해당 일반 주택에 그 주택소유자가 실제 거주하지 않더라도 1세대 1주택자에 해당한다.

④ 1세대 1주택자는 주택의 공시가격을 합산한 금액에서 11억원을 공제한 금액에 공정시장가액비율을 곱한 금액을 과세표준으로 한다.

⑤ 1세대 1주택자에 대하여는 주택분 종합부동산세 산출세액에서 소유자의 연령과 주택 보유기간에 따른 공제액을 공제율 합계 100분의 70의 범위에서 중복하여 공제한다.

05 종합부동산세법령상 주택의 과세표준 계산과 관련한 내용으로 틀린 것은? (34회)

① 대통령령으로 정하는 1세대 1주택자(공동명의 1주택자 제외)의 경우 주택에 대한 종합부동산세의 과세표준은 납세의무자별로 주택의 공시가격을 합산한 금액에서 12억원을 공제한 금액에 100분의 60을 곱한 금액으로 한다. 다만, 그 금액이 영보다 작은 경우에는 영으로 본다.

② 대통령령으로 정하는 다가구 임대주택으로서 임대기간, 주택의 수, 가격, 규모 등을 고려하여 대통령령으로 정하는 주택은 과세표준 합산의 대상이 되는 주택의 범위에 포함되지 아니하는 것으로 본다.

③ 1주택(주택의 부속토지만을 소유한 경우는 제외)과 다른 주택의 부속토지(주택의 건물과 부속토지의 소유자가 다른 경우의 그 부속토지)를 함께 소유하고 있는 경우에는 1세대 1주택자로 본다.

④ 혼인으로 인한 1세대 2주택의 경우 납세의무자가 해당 연도 9월 16일부터 9월 30일까지 관할 세무서장에게 합산배제를 신청하면 1세대 1주택자로 본다.

⑤ 2주택을 소유하여 1천분의 27의 세율이 적용되는 법인의 경우 주택에 대한 종합부동산세의 과세표준은 납세의무자별로 주택의 공시가격을 합산한 금액에서 0원을 공제한 금액에 100분의 60을 곱한 금액으로 한다. 다만, 그 금액이 영보다 작은 경우에는 영으로 본다.

06 「종합부동산세법」상 주택에 대한 과세 및 납세지에 관한 설명으로 옳은 것은? (33회)

① 납세의무자가 법인이며 3주택 이상을 소유한 경우 소유한 주택 수에 따라 과세표준에 0.5% ~ 5%의 세율을 적용하여 계산한 금액을 주택분 종합부동산세액으로 한다.

② 납세의무자가 법인으로 보지 않는 단체인 경우 주택에 대한 종합부동산세 납세지는 해당 주택의 소재지로 한다.

③ 과세표준 합산의 대상에 포함되지 않는 주택을 보유한 납세의무자는 해당 연도 10월 16일부터 10월 31일까지 관할 세무서장에게 해당 주택의 보유현황을 신고하여야 한다.

④ 종합부동산세 과세대상 1세대 1주택자로서 과세기준일 현재 해당 주택을 12년 보유한 자의 보유기간별 세액공제에 적용되는 공제율은 100분의 50이다.

⑤ 과세기준일 현재 주택분 재산세의 납세의무자는 종합부동산세를 납부할 의무가 있다.

07 종합부동산세법령상 주택에 대한 과세에 관한 설명으로 옳은 것은? (35회)

① 「신탁법」제2조에 따른 수탁자의 명으로 등기된 신탁주택의 경우에는 수탁자가 종합부동산세를 납부할 의무가 있으며, 이 경우 수탁자가 신탁주택을 소유한 것으로 본다.

② 법인이 2주택을 소유한 경우 종합부동산세의 세율은 1천분의 50을 적용한다.

③ 거주자 甲이 2024년부터 보유한 3주택(주택 수 계산에서 제외되는 주택은 없음) 중 2주택을 2025.6.17.에 양도하고 동시에 소유권이전등기를 한 경우, 甲의 2025년도 주택분 종합부동산세액은 3주택 이상을 소유한 경우의 세율을 적용하여 계산한다.

④ 신탁주택의 수탁자가 종합부동산세를 체납한 경우 그 수탁자의 다른 재산에 대하여 강제징수하여도 징수할 금액에 미치지 못할 때에는 해당 주택의 위탁자가 종합부동산세를 납부할 의무가 있다.

⑤ 공동명의 1주택자인 경우 주택에 대한 종합부동산세의 과세표준은 주택의 시가를 합산한 금액에서 11억원을 공제한 금액에 100분의 50을 한도로 공정시장가액비율을 곱한 금액으로 한다.

▼ 토지분 종합부동산세

구 분		개인 · 법인 구분 없이	
		별도합산대상 토지	종합합산대상 토지
	공시가격 합계	합계액	합계액
−	과세기준금액	80억원	5억원
×	공정시장가액비율	100%	100%
=	과세표준		
×	세 율	3단계 누진세 (0.5%~0.7%)	3단계 누진세 (1%~3%)
=	산출세액		
−	재산세 과세분		
−	세액공제		
=	납부할 세액		
	세부담 상한	150%	150%

08 토지분 종합부동산세에 관한 설명으로 옳은 것은? (단, 감면과 비과세와 「지방세특례제한법」 또는 「조세특례제한법」은 고려하지 않음) (32회)

① 재산세 과세대상 중 분리과세대상 토지는 종합부동산세 과세대상이다.

② 종합부동산세의 분납은 허용되지 않는다.

③ 종합부동산세의 물납은 허용되지 않는다.

④ 납세자에게 부정행위가 없으며 특례제척기간에 해당하지 않는 경우 원칙적으로 납세의무 성립일부터 3년이 지나면 종합부동산세를 부과할 수 없다.

⑤ 별도합산과세대상인 토지의 재산세로 부과된 세액이 세부담 상한을 적용받는 경우 그 상한을 적용받기 전의 세액을 별도합산과세대상 토지분 종합부동산세액에서 공제한다.

09 종합부동산세법령상 토지에 대한 과세에 관한 설명으로 옳은 것은? (35회)

① 토지분 재산세의 납세의무자로서 종합합산과세대상 토지의 공시가격을 합한 금액이 5억원인 자는 종합부동산세를 납부할 의무가 있다.

② 토지분 재산세의 납세의무자로서 별도합산과세대상 토지의 공시가격을 합한 금액이 80억원인 자는 종합부동산세를 납부할 의무가 있다.

③ 토지에 대한 종합부동산세는 종합합산과세대상, 별도합산과세대상 그리고 분리과세대상으로 구분하여 과세한다.

④ 종합합산과세대상인 토지에 대한 종합부동산세의 과세표준은 해당 토지의 공시가격을 합산한 금액에서 5억원을 공제한 금액에 100분의 50을 한도로 공정시장가액비율을 곱한 금액으로 한다.

⑤ 별도합산과세대상인 토지의 과세표준 금액에 대하여 해당 과세대상 토지의 토지분 재산세로 부과된 세액(「지방세법」에 따라 가감조정된 세율이 적용된 경우에는 그 세율이 적용된 세액, 같은 법에 따라 세부담 상한을 적용받은 경우에는 그 상한을 적용받은 세액을 말한다)은 토지분 별도합산세액에서 이를 공제한다.

10 「종합부동산세법」상 토지 및 주택에 대한 과세와 부과·징수에 관한 설명으로 옳은 것은? (33회)

① 종합합산과세대상인 토지에 대한 종합부동산세의 세액은 과세표준에 1% ~ 5% 의 세율을 적용하여 계산한 금액으로 한다.

② 종합부동산세로 납부해야 할 세액이 200만원인 경우 관할 세무서장은 그 세액 의 일부를 납부기한이 지난 날부터 6개월 이내에 분납하게 할 수 있다.

③ 관할세무서장이 종합부동산세를 징수하려면 납부기간 개시 5일 전까지 주택분 과 토지분을 합산한 과세표준과 세액을 납부고지서에 기재하여 발급하여야 한다.

④ 종합부동산세를 신고납부방식으로 납부하고자 하는 납세의무자는 종합부동산 세의 과세표준과 세액을 해당 연도 12월 1일부터 12월 15일까지 관할 세무서장 에게 신고하여야 한다.

⑤ 별도합산과세대상인 토지에 대한 종합부동산세의 세액은 과세표준에 0.5% ~ 0.8%의 세율을 적용하여 계산한 금액으로 한다.

11 「종합부동산세법」상 종합부동산세에 관한 설명으로 틀린 것은? (20회)

① 납세의무자가 개인으로서 거주자인 경우 납세지는 거주자의 주소지로 한다.

② 종합부동산세의 납세의무자가 해당 연도에 납부하여야 할 주택(법인은 제외)에 대한 총세액상당액으로서 법령으로 정하는 바에 따라 계산한 세액이 해당 납세 의무자에게 직전 연도에 해당 주택에 부과된 주택에 대한 총세액상당액으로서 법령으로 정하는 바에 따라 계산한 세액의 100분의 110을 초과하는 경우에는 그 초과하는 세액에 대하여는 이를 없는 것으로 본다.

③ 재산세의 경감에 관한 규정은 종합부동산세를 부과함에 있어서 이를 준용한다.

④ 재산세가 분리과세되는 토지에 대하여는 종합부동산세를 과세하지 아니한다.

⑤ 주택분 종합부동산세의 납세의무자가 과세기준일 현재 1세대 1주택자로서 만 70세이고 당해 주택을 3년 보유한 경우, 법령에 따라 산출된 세액에서 그 산출 된 세액에 법령이 정하는 연령별 공제율을 곱한 금액을 공제한다.

12 「종합부동산세법」상 종합부동산세에 관한 설명으로 틀린 것은? (21회)

① 종합부동산세의 과세대상인 주택의 범위는 재산세의 과세대상인 주택의 범위와 동일하다.

② 관할세무서장은 종합부동산세로 납부하여야 할 세액이 250만원을 초과하는 경우, 법령에 따라 분할납부하게 할 수 있다.

③ 과세기준일 현재 만 60세 이상인 자가 보유하고 있는 종합부동산세 과세대상인 토지에 대하여는 연령에 따른 세액공제를 받을 수 있다.

④ 「지방세법」에 의한 재산세의 경감에 관한 규정은 종합부동산세를 부과함에 있어서 이를 준용한다.

⑤ 법정요건을 충족하는 1세대 1주택자는 과세기준일 현재 보유기간이 5년 이상이면 보유기간에 따른 세액공제를 받을 수 있다.

13 종합부동산세법령상 종합부동산세의 부과·징수에 관한 내용으로 틀린 것은? (34회)

① 관할세무서장은 납부하여야 할 종합부동산세의 세액을 결정하여 해당 연도 12월 1일부터 12월 15일까지 부과·징수한다.

② 종합부동산세를 신고납부방식으로 납부하고자 하는 납세의무자는 종합부동산세의 과세표준과 세액을 관할 세무서장이 결정하기 전인 해당 연도 11월 16일부터 11월 30일까지 관할세무서장에게 신고하여야 한다.

③ 관할세무서장은 종합부동산세로 납부하여야 할 세액이 250만원을 초과하는 경우에는 대통령령으로 정하는 바에 따라 그 세액의 일부를 납부기한이 지난 날부터 6개월 이내에 분납하게 할 수 있다.

④ 관할세무서장은 납세의무자가 과세기준일 현재 1세대 1주택자가 아닌 경우 주택분 종합부동산세액의 납부유예를 허가할 수 없다.

⑤ 관할세무서장은 주택분 종합부동산세액의 납부가 유예된 납세의무자가 해당 주택을 타인에게 양도하거나 증여하는 경우에는 그 납부유예 허가를 취소하여야 한다.

14 「종합부동산세법」상 거주자의 종합부동산세에 관한 설명으로 틀린 것은? (28회)

① 종합부동산세는 부과·징수가 원칙이며 납세의무자의 선택에 의하여 신고납부도 가능하다.

② 관할세무서장이 종합부동산세를 징수하고자 하는 때에는 납세고지서에 주택 및 토지로 구분한 과세표준과 세액을 기재하여 납부기간 개시 5일 전까지 발부하여야 한다.

③ 주택에 대한 세부담 상한의 기준이 되는 직전 연도에 해당 주택에 부과된 주택에 대한 총세액상당액은 납세의무자가 해당 연도의 과세표준합산주택을 직전 연도 과세기준일에 실제로 소유하였는지의 여부를 불문하고 직전 연도 과세기준일 현재 소유한 것으로 보아 계산한다.

④ 주택분 종합부동산세액에서 공제되는 재산세액은 재산세 표준세율의 100분의 50의 범위에서 가감된 세율이 적용된 경우에는 그 세율이 적용되기 전의 세액으로 하고, 재산세 세부담 상한을 적용받은 경우에는 그 상한을 적용받기 전의 세액으로 한다.

⑤ 과세기준일 현재 토지분 재산세의 납세의무자로서 국내에 소재하는 별도합산과세대상 토지의 공시가격을 합한 금액이 80억원을 초과하는 자는 토지에 대한 종합부동산세의 납세의무자이다.

15 「종합부동산세법」상 거주자의 종합부동산세에 관한 설명으로 옳은 것은? (27회 변형)

① 주택에 대한 종합부동산세의 과세표준은 납세의무자별로 주택의 공시가격을 합산한 금액에서 6억원을 공제한 금액에 공정시장가액비율을 곱한 금액으로 한다.

② 과세기준일은 7월 1일이다.

③ 주택에 대한 과세표준이 3억원인 경우 적용될 세율은 1천분의 3이다.

④ 관할세무서장은 납부하여야 할 세액이 1천만원을 초과하면 물납을 허가할 수 있다.

⑤ 관할세무서장이 종합부동산세를 부과·징수하는 경우 납부고지서에 주택 및 토지로 구분한 과세표준과 세액을 기재하여 납부기간 개시 5일 전까지 발부하여야 한다.

16 「종합부동산세법」상 종합부동산세에 관한 설명으로 **틀린** 것은? (단, 감면 및 비과세와 「지방세특례제한법」 또는 「조세특례제한법」은 고려하지 않음) (31회)

① 종합부동산세의 과세기준일은 매년 6월 1일로 한다.

② 종합부동산세의 납세의무자가 비거주자인 개인으로서 국내사업장이 없고 국내원천소득이 발생하지 아니하는 1주택을 소유한 경우 그 주택 소재지를 납세지로 정한다.

③ 과세기준일 현재 토지분 재산세의 납세의무자로서 국내에 소재하는 종합합산과세대상 토지의 공시가격을 합한 금액이 5억원을 초과하는 자는 해당 토지에 대한 종합부동산세를 납부할 의무가 있다.

④ 종합합산과세대상 토지의 재산세로 부과된 세액이 세부담 상한을 적용받는 경우 그 상한을 적용받기 전의 세액을 종합합산과세대상 토지분 종합부동산세액에서 공제한다.

⑤ 관할세무서장은 종합부동산세를 징수하고자 하는 때에는 납세고지서에 주택 및 토지로 구분한 과세표준과 세액을 기재하여 납부기간 개시 5일 전까지 발부하여야 한다.

17 종합부동산세에 관한 설명으로 **틀린** 것은? (29회)

① 과세대상 토지가 매매로 유상이전되는 경우로서 매매계약서 작성일이 2025년 6월 1일이고, 잔금지급 및 소유권이전등기일이 2025년 6월 29일인 경우, 종합부동산세의 납세의무자는 매도자이다.

② 납세의무자가 국내에 주소를 두고 있는 개인의 경우 납세지는 주소지이다.

③ 납세자에게 부정행위가 없으며 특례제척기간에 해당하지 않는 경우, 원칙적으로 납세의무 성립일부터 5년이 지나면 종합부동산세를 부과할 수 없다.

④ 납세의무자는 선택에 따라 신고납부할 수 있으나, 신고를 함에 있어 납부세액을 과소하게 신고한 경우라도 과소신고가산세가 적용되지 않는다.

⑤ 종합부동산세는 물납이 허용되지 않는다.

18 종합부동산세에 관한 설명으로 틀린 것은? (30회)

① 과세기준일 현재 토지분 재산세의 납세의무자로서 「자연공원법」에 따라 지정된 공원자연환경지구의 임야를 소유하는 자는 토지에 대한 종합부동산세를 납부할 의무가 있다.

② 주택분 종합부동산세 납세의무자가 1세대 1주택자에 해당하는 경우의 주택분 종합부동산세액 계산시 연령에 따른 세액공제와 보유기간에 따른 세액공제는 공제율 합계 100분의 80의 범위에서 중복하여 적용할 수 있다.

③ 「근현대문화유산의 보존 및 활용에 관한 법률」에 따른 등록문화유산에 해당하는 주택은 과세표준 합산의 대상이 되는 주택의 범위에 포함되지 않는 것으로 본다.

④ 관할세무서장은 종합부동산세로 납부하여야 할 세액이 400만원인 경우 최대 150만원의 세액을 납부기한이 경과한 날부터 6개월 이내에 분할납부하게 할 수 있다.

⑤ 주택분 종합부동산세액을 계산할 때 1주택을 여러 사람이 공동으로 매수하여 소유한 경우 공동소유자 각자가 그 주택을 소유한 것으로 본다.

19 거주자 甲은 A주택을 3년간 소유하며 직접 거주하고 있다. 甲이 A주택에 대하여 납부하게 되는 2025년 귀속 재산세와 종합부동산세에 관한 설명으로 틀린 것은? (단, 甲은 「종합부동산세법」상 납세의무자로서 만 61세이며 1세대 1주택자라 가정함) (29회)

① 재산세 및 종합부동산세의 과세기준일은 매년 6월 1일이다.

② 甲의 고령자 세액공제액은 「종합부동산세법」에 따라 산출된 세액에 100분의 20을 곱한 금액으로 한다.

③ 재산세 납부세액이 600만원인 경우, 최대 300만원을 납부기한이 지난 날부터 3개월 이내에 분할납부할 수 있다.

④ 종합부동산세의 납세의무자가 해당 연도에 납부하여야 할 주택에 대한 총세액 상당액이 직전연도에 부과된 주택에 대한 총세액상당액의 100분의 300을 초과하는 경우에는 이를 없는 것으로 본다.

⑤ 만약, 甲이 A주택을 「신탁법」 제2조에 따른 수탁자의 명의로 신탁등기하는 경우 위탁자인 甲을 재산세 납세의무자로 본다.

20 거주자인 개인 甲은 국내에 주택 2채(다가구주택 아님) 및 상가건물 1채를 각각 보유하고 있다. 甲의 2025년 귀속 재산세 및 종합부동산세에 관한 설명으로 틀린 것은? (단, 甲의 주택은 「종합부동산세법」상 합산배제주택에 해당되지 아니하며, 지방세관계법상 재산세 특례 및 감면은 없음)   (32회)

① 甲의 주택에 대한 재산세는 주택별로 표준세율을 적용한다.

② 甲의 상가건물에 대한 재산세는 시가표준액에 법령이 정하는 공정시장가액비율을 곱하여 산정한 가액을 과세표준으로 하여 비례세율로 과세한다.

③ 甲의 주택분 종합부동산세액의 결정세액은 주택분 종합부동산세액에서 '(주택의 공시가격 합산액 − 9억원) × 종합부동산세 공정시장가액비율 × 재산세 표준세율'의 산식에 따라 산정한 재산세액을 공제하여 계산한다.

④ 甲의 상가건물에 대해서는 종합부동산세를 과세하지 아니한다.

⑤ 甲의 주택에 대한 종합부동산세는 甲이 보유한 주택의 공시가격을 합산한 금액에서 9억원을 공제한 금액에 공정시장가액비율(100분의 60)을 곱한 금액(영보다 작은 경우는 영)을 과세표준으로 하여 누진세율로 과세한다.

Chapter 02 종합소득세[임대 관련]

1. 부동산 관련 사업소득
   ① 건설업에서 발생하는 소득
   ② 부동산업(부동산 및 부동산상의 권리의 대여)에서 발생하는 소득
      ☑참고 단, 공익사업 관련 지역권·지상권 대여는 제외
2. 부동산 임대 관련 사업소득

구 분		보증금(간주임대료)		월세(임대료)	
일반부동산		과세		과세	
주 택	1주택	×		× (비과세)	
				국외주택, 고가주택	과세
	2주택	×		과세	
	3주택 이상	3억원 이하	×	과세	
		3억원 초과	과세		

01 「소득세법」상 거주자의 부동산임대업에서 발생하는 소득에 관한 설명 중 옳은 것은?

(23회)

① 「공익사업을 위한 토지 등의 취득 및 보상에 관한 법률」 제4조에 따른 공익사업과 관련하여 지역권·지상권(지하 또는 공중에 설정된 권리를 포함한다)을 설정하거나 대여함으로써 발생하는 소득은 사업소득이다.
② 전세권을 대여함으로써 발생하는 소득은 사업소득이 아니다.
③ 미등기부동산을 임대하고 그 대가로 받는 것은 사업소득이 아니다.
④ 자기소유의 부동산을 타인의 담보로 사용하게 하고 그 사용대가로 받는 것은 사업소득이다.
⑤ 국외 소재 주택을 임대하고 그 대가로 받는 것은 사업소득이 아니다.

02 「소득세법」상 거주자가 국내 소재 부동산등을 임대하여 발생하는 소득에 관한 설명으로 옳은 것은? (28회 변형)

① 「공익사업을 위한 토지 등의 취득 및 보상에 관한 법률」 제4조에 따른 공익사업과 관련하여 지상권을 대여함으로써 발생하는 소득은 부동산업에서 발생한 소득으로 본다.

② 부동산임대업에서 발생한 소득은 사업소득에 해당한다.

③ 주거용 건물 임대업에서 발생한 결손금은 종합소득 과세표준을 계산할 때 공제하지 아니한다.

④ 부부가 각각 주택을 1채씩 보유한 상태에서 그 중 1주택을 임대하는 경우에는 1주택 비과세 규정을 적용한다.

⑤ 임대보증금의 간주임대료를 계산하는 과정에서 금융수익을 차감할 때 그 금융수익은 수입이자와 할인료, 수입배당금, 유가증권처분이익으로 한다.

03 「소득세법」상 거주자의 부동산 임대와 관련하여 발생한 소득에 관한 설명으로 틀린 것은? (24회)

① 국외에 소재하는 주택임대소득은 주택 수에 관계없이 과세된다.

② 3주택(법령에 따른 소형주택 아님)을 소유하는 자가 받은 보증금의 합계액이 2억원인 경우 법령으로 정하는 바에 따라 계산한 간주임대료를 사업소득 총수입금액에 산입한다.

③ 2주택(법령에 따른 소형주택 아님)과 2개의 상업용 건물을 소유하는 자가 보증금을 받은 경우 2개의 상업용 건물에 대하여만 법령으로 정하는 바에 따라 계산한 간주임대료를 사업소득 총수입금액에 산입한다.

④ 주택임대소득이 과세되는 고가주택은 과세기간 종료일 현재 기준시가 12억원을 초과하는 주택을 말한다.

⑤ 사업자가 부동산을 임대하고 임대료 외에 전기료·수도료 등 공공요금의 명목으로 지급받은 금액이 공공요금의 납부액을 초과할 때 그 초과하는 금액은 사업소득 총수입금액에 산입한다.

04 거주자 甲이 국내 소재 상시 주거용 건물(이하 '주택'이라 함)을 임대하고 있는 경우, 「소득세법」상 설명으로 **틀린** 것은? (다만, 고가주택이 아니며, 부수토지는 고려하지 아니함) (20회)

① 주택을 임대하면서 받은 보증금의 간주임대료는 원칙적으로 과세되지 아니한다.

② 주택임대로 인하여 발생하는 소득에 대한 총수입금액의 수입할 시기는 계약에 의하여 지급일이 정하여진 경우, 그 정하여진 날로 한다.

③ 만일, 당해 주택이 국외에 소재하는 경우라면 주택임대로 인하여 발생하는 소득은 주택 수에 관계없이 과세된다.

④ 주택임대로 인하여 발생하는 소득에 대한 비과세 여부를 판단함에 있어서 甲과 그 배우자가 각각 주택을 소유하는 경우, 이를 합산하여 주택수를 계산한다.

⑤ 주택을 임대하면서 받은 임대료는 사업소득에 해당하지 않는다.

05 「소득세법」상 국내에 소재한 주택을 임대한 경우 발생하는 소득에 관한 설명으로 **틀린** 것은? (단, 아래의 주택은 상시 주거용으로 사용하고 있음) (25회)

① 주택 1채만을 소유한 거주자가 과세기간 종료일 현재 기준시가 15억원인 해당 주택을 전세금을 받고 임대하여 얻은 소득에 대해서는 소득세가 과세되지 아니한다.

② 주택 2채를 소유한 거주자가 1채는 월세계약으로 나머지 1채는 전세계약의 형태로 임대한 경우, 월세계약에 의하여 받은 임대료에 대해서만 소득세가 과세된다.

③ 거주자의 보유주택 수를 계산함에 있어서 다가구주택은 1개의 주택으로 보되, 구분등기된 경우에는 각각을 1개의 주택으로 계산한다.

④ 주택의 임대로 인하여 얻은 과세대상 소득은 사업소득으로서 해당 거주자의 종합소득금액에 합산된다.

⑤ 주택을 임대하여 얻은 소득은 거주자가 사업자등록을 한 경우에 한하여 소득세 납세의무가 있다.

06 「소득세법」상 거주자의 주택임대소득의 비과세 및 총수입금액에 관한 설명으로 옳은 것은? (단, 주택은 상시 주거용으로 사업을 위한 주거용이 아님) (22회)

① 임대하는 국내 소재 1주택의 비과세 여부 판단시 가액은 「소득세법」상 기준시가 9억원을 기준으로 판단한다.

② 「소득세법」상 기준시가 5억원인 국외 소재 1주택을 임대하는 경우에는 비과세된다.

③ 본인과 배우자가 각각 국내 소재 주택을 소유(공동소유 제외)한 경우, 이를 합산하지 아니하고 각 거주자별로 소유 주택을 기준으로 주택임대소득 비과세 대상인 1주택 여부를 판단한다.

④ 국내 소재 3주택(소형주택 제외)을 소유한 자가 받은 주택임대보증금의 합계액이 4억원인 경우, 그 보증금에 대하여 법령에서 정한 산식으로 계산한 금액을 총수입금액에 산입한다.

⑤ 과세기간 종료일 현재 소유 중인 국내 소재 주택에 대한 주택임대소득의 비과세 여부 판단시 기준시가는 과세기간 개시일을 기준으로 한다.

07 「소득세법」상 거주자의 부동산과 관련된 사업소득에 관한 설명으로 옳은 것은? (31회)

① 국외에 소재하는 주택의 임대소득은 주택 수에 관계없이 과세하지 아니한다.

② 「공익사업을 위한 토지 등의 취득 및 보상에 관한 법률」에 따른 공익사업과 관련하여 지역권을 대여함으로써 발생하는 소득은 부동산업에서 발생하는 소득으로 한다.

③ 부동산임대업에서 발생하는 사업소득의 납세지는 부동산 소재지로 한다.

④ 국내에 소재하는 논·밭을 작물 생산에 이용하게 함으로써 발생하는 사업소득은 소득세를 과세하지 아니한다.

⑤ 주거용 건물 임대업에서 발생한 결손금은 종합소득 과세표준을 계산할 때 공제하지 아니한다.

08 「소득세법」상 부동산임대업에서 발생한 소득에 관한 설명으로 **틀린** 것은? (33회)

① 해당 과세기간의 주거용 건물 임대업을 제외한 부동산임대업에서 발생한 결손 금은 그 과세기간의 종합소득과세표준을 계산할 때 공제하지 않는다.

② 사업소득에 부동산임대업에서 발생한 소득이 포함되어 있는 사업자는 그 소득 별로 구분하여 회계처리하여야 한다.

③ 3주택(주택 수에 포함되지 않는 주택 제외) 이상을 소유한 거주자가 주택과 주 택부수토지를 임대(주택부수토지만 임대하는 경우 제외)한 경우에는 법령으로 정하는 바에 따라 계산한 금액(간주임대료)을 총수입금액에 산입한다.

④ 간주임대료 계산시 3주택 이상 여부 판정에 있어 주택 수에 포함되지 않는 주택 이란 주거의 용도로만 쓰이는 면적이 1호 또는 1세대당 40㎡ 이하인 주택으로 서 해당 과세기간의 기준시가가 2억원 이하인 주택을 말한다.

⑤ 해당 과세기간에 분리과세 주택임대소득이 있는 거주자(종합소득과세표준이 없거나 결손금이 있는 거주자 포함)는 그 종합소득 과세표준을 그 과세기간의 다음 연도 5월 1일부터 5월 31일까지 신고하여야 한다.

09 소득세법령상 거주자의 부동산과 관련된 사업소득에 관한 설명으로 옳은 것은? (35회)

① 해당 과세기간의 종합소득이 있는 거주자(종합소득과세표준이 없거나 결손금 이 있는 거주자를 포함한다)는 그 종합소득 과세표준을 그 과세기간의 다음 연 도 5월 1일부터 5월 31일까지 대통령령으로 정하는 바에 따라 납세지 관할 세무 서장에게 신고하여야 하며, 해당 과세기간에 분리과세 주택임대소득이 있는 경 우에도 이를 적용한다.

② 공장재단을 대여하는 사업은 부동산임대업에 해당되지 않는다.

③ 해당 과세기간의 주거용 건물 임대업을 제외한 부동산임대업에서 발생한 결손 금은 그 과세기간의 종합소득 과세표준을 계산할 때 공제한다.

④ 「공익사업을 위한 토지 등의 취득 및 보상에 관한 법률」 제4조에 따른 공익사업 과 관련하여 지역권을 설정함으로써 발생하는 소득은 부동산업에서 발생하는 소득에 해당한다.

⑤ 사업소득에 부동산임대업에서 발생한 소득이 포함되어 있는 사업자는 그 소득 별로 구분하지 않고 회계처리하여야 한다.

10 주택임대사업자인 거주자 甲의 국내 주택 임대현황(A, B, C 각 주택의 임대기간 : 2025.1.1. ~ 2025.12.31.)을 참고하여 계산한 주택임대에 따른 2025년 귀속 사업소득의 총수입금액은? (단, 법령에 따른 적격증명서류를 수취·보관하고 있고, 기획재정부령으로 정하는 이자율은 연 4%로 가정하며 주어진 조건 이외에는 고려하지 않음)

(34회)

구 분 (주거전용면적)	보증금	월세*	기준시가
A주택(85m²)	3억원	5십만원	5억원
B주택(40m²)	1억원	−	2억원
C주택(109m²)	5억원	1백만원	7억원

* 월세는 매월 수령하기로 약정한 금액임

① 0원
② 16,800,000원
③ 18,000,000원
④ 32,400,000원
⑤ 54,000,000원

11 다음은 거주자 甲이 소유하고 있는 상가건물 임대에 관한 자료이다. 부동산임대업의 사업소득을 장부에 기장하여 신고하는 경우 2025년도 부동산임대업의 총수입금액은? (단, 법령에 따른 적격증명서류를 수취·보관하고 있으며, 주어진 조건 이외에는 고려하지 않음)

(33회)

- 임대기간 : 2025.1.1. ~ 2026.12.31.
- 임대계약 내용 : 월임대료 1,000,000원
  임대보증금 500,000,000원
- 임대부동산(취득일자 : 2023.1.23.)
  − 건물 취득가액 : 200,000,000원
  − 토지 취득가액 : 300,000,000원
- 기획재정부령으로 정하는 이자율 : 연 6%
- 임대보증금 운용수익 : 수입이자 1,000,000원
  유가증권처분이익 2,000,000원

① 18,000,000원
② 29,000,000원
③ 30,000,000원
④ 39,000,000원
⑤ 40,000,000원

12 「소득세법」상 거주자가 국내 소재 1주택만을 소유하는 경우에 관한 설명으로 **틀린** 것은? (21회)

① 임대한 과세기간 종료일 현재 기준시가가 15억원인 1주택(주택부수토지)을 임대하고 지급받은 소득은 사업소득으로 과세된다.

② 양도 당시의 실지거래가액이 15억원인 법정요건을 충족하는 등기된 1세대 1주택(3년 이상 보유, 2년 이상 거주)을 양도한 경우, 양도차익에 최대 100분의 80의 공제율을 곱한 금액을 양도차익에서 공제받을 수 있다.

③ 甲과 乙이 고가주택이 아닌 공동소유 1주택(甲 지분율 40%, 乙 지분율 60%)을 임대하는 경우 주택임대소득의 비과세 여부를 판정할 때 甲과 乙이 각각 1주택을 소유한 것으로 보아 주택 수를 계산한다.

④ 법령이 정한 1세대 1주택으로서 「건축법」에 의한 건축허가를 받지 아니하여 등기가 불가능한 주택을 양도한 때에 이를 미등기 양도자산으로 보지 아니한다.

⑤ 소유하고 있던 공부상 주택인 1세대 1주택을 전부 영업용 건물로 사용하다가 양도한 때에는 양도소득세 비과세 대상인 1세대 1주택으로 보지 아니한다.

Chapter 03 양도소득세

과세대상

1. 부동산(토지, 건물)
2. 부동산에 관한 권리
   ① 지상권, 전세권 ⇔ 지역권은 제외
   ② 등기된 부동산임차권 ⇔ 등기되지 아니한 경우는 제외
   ③ 부동산을 취득할 수 있는 권리
      ㉠ 당첨권, 분양권, 입주권
      ㉡ 토지상환채권, 주택상환채권
      ㉢ 계약금만 지급한 상태에서 양도하는 권리
3. 기타자산
   ① 배타적으로 이용할 수 있는 권리(회원권)
   ② 부동산과 함께 양도하는 영업권
      ↳ 부동산과 분리하여 양도하는 경우는 제외
      ↳ 영업권을 단독으로 양도하는 경우는 제외
   ③ 부동산과 함께 양도하는 이축권
      ↳ 이축권 가액을 별도로 평가하여 신고하는 경우는 제외
   ④ 부동산 관련 특정주식
4. 신탁 수익권
5. 주 식
6. 파생상품

01 「소득세법」상 거주자의 양도소득세 과세대상이 <u>아닌</u> 것은? (단, 국내 자산을 가정함)

(26회)

① 지상권의 양도
② 전세권의 양도
③ 골프 회원권의 양도
④ 등기되지 않은 부동산임차권의 양도
⑤ 사업에 사용하는 토지와 함께 양도하는 영업권

02 「소득세법」상 양도소득에 해당하지 <u>않는</u> 것은? (18회 변형)

① 부동산을 취득할 수 있는 권리의 양도로 인하여 발생하는 소득

② 토지 및 건물과 함께 양도하는 「개발제한구역의 지정 및 관리에 관한 특별조치법」에 따른 이축권의 양도로 인하여 발생하는 소득(단, 해당 이축권의 가액을 대통령령으로 정하는 방법에 따라 별도로 평가하여 신고한 경우는 아님)

③ 지상권의 양도로 인하여 발생하는 소득

④ 행정관청으로부터 인가·허가 등을 받음으로써 발생한 영업권의 단독 양도로 인하여 발생하는 소득

⑤ 시설물을 배타적으로 이용하거나 일반이용자에 비하여 유리한 조건으로 시설물을 이용할 수 있는 권리가 부여된 주식의 양도로 인하여 발생하는 소득

03 「소득세법」상 양도소득의 과세대상 자산을 모두 고른 것은? (단, 거주자가 국내 자산을 양도한 것으로 한정함) (25회)

> ㉠ 지역권
> ㉡ 등기된 부동산임차권
> ㉢ 건물이 완성되는 때에 그 건물과 이에 딸린 토지를 취득할 수 있는 권리
> ㉣ 영업권(사업에 사용하는 건물과 분리되어 양도되는 것)
> ㉤ 전세권

① ㉠, ㉡, ㉣　　　　② ㉡, ㉢, ㉤　　　　③ ㉢, ㉣, ㉤
④ ㉠, ㉡, ㉢, ㉣　　　　⑤ ㉠, ㉡, ㉢, ㉤

04 소득세법령상 거주자의 양도소득세 과세대상은 모두 몇 개인가? (단, 국내 소재 자산을 양도한 경우임) (34회)

> • 전세권
> • 등기되지 않은 부동산임차권
> • 사업에 사용하는 토지 및 건물과 함께 양도하는 영업권
> • 토지 및 건물과 함께 양도하는 「개발제한구역의 지정 및 관리에 관한 특별조치법」에 따른 이축권(해당 이축권의 가액을 대통령령으로 정하는 방법에 따라 별도로 평가하여 신고함)

① 0개　　　　② 1개　　　　③ 2개
④ 3개　　　　⑤ 4개

05 소득세법령상 다음의 국내자산 중 양도소득세 과세대상에 해당하는 것을 모두 고른 것은?

(35회)

> ㉠ 토지 및 건물과 함께 양도하는 「개발제한구역의 지정 및 관리에 관한 특별조치법」에 따른 이축권(해당 이축권의 가액을 대통령령으로 정하는 방법에 따라 별도로 평가하여 신고하지 않음)
> ㉡ 조합원입주권
> ㉢ 지역권
> ㉣ 부동산매매계약을 체결한 자가 계약금만 지급한 상태에서 양도하는 권리

① ㉠, ㉢ 　　② ㉡, ㉣ 　　③ ㉠, ㉡, ㉣
④ ㉡, ㉢, ㉣ 　　⑤ ㉠, ㉡, ㉢, ㉣

☙ 양도의 범위

양도 ○	등기·등록과 관계없이 유상으로 사실상 이전하는 행위 (매매, 공매, 경매, 수용, 교환, 대물변제, 위자료 등)
양도 ×	무상이전, 신탁(해지), 담보 등

양도 ○	양도 ×
부담부증여 + 채무상당액	부담부증여 + 채무 외의 부분
경매 (임의경매, 강제경매, 공매 포함)	경매 + 자기가 재취득
교환	토지의 경계를 바꾸기 위한 교환
양도담보 + 채무불이행	양도담보
수용	
환지처분 + 권리면적 감소분	환지처분
보류지 매각	보류지 충당
공유물 분할 + 지분 감소분	공유물 분할 + 지분변동 없음
이혼 + 위자료	이혼 + 재산분할
배우자 및 직계존비속 1. 대가입증 2. 경매, 공매, 파산선고 3. 등기자산 교환	배우자 및 직계존비속

06 「소득세법」상 거주자의 양도소득세 과세대상이 <u>아닌</u> 것은? (24회)

① 사업에 사용하는 건물과 함께 영업권의 양도
② 「도시개발법」이나 그 밖의 법률에 따른 환지처분으로 지목 또는 지번의 변경
③ 등기된 부동산임차권의 양도
④ 지상권의 양도
⑤ 개인의 토지를 법인에 현물출자

07 「소득세법」상 거주자의 양도소득세 과세대상에 관한 설명으로 <u>틀린</u> 것은? (단, 양도
자산은 국내자산임) (28회)

① 무상이전에 따라 자산의 소유권이 변경된 경우에는 과세대상이 되지 아니한다.
② 부동산에 관한 권리 중 지상권의 양도는 과세대상이다.
③ 사업에 사용하는 건물과 함께 양도하는 영업권은 과세대상이다.
④ 법인의 주식을 소유하는 것만으로 시설물을 배타적으로 이용하게 되는 경우 그
주식의 양도는 과세대상이다.
⑤ 등기되지 않은 부동산임차권의 양도는 과세대상이다.

08 「소득세법」상 양도소득세 과세대상이 <u>아닌</u> 것은? (23회)

> ㉠ 「도시개발법」에 따라 토지의 일부가 보류지로 충당되는 경우
> ㉡ 지방자치단체가 발행하는 토지상환채권을 양도하는 경우
> ㉢ 이혼으로 인하여 혼인 중에 형성된 부부공동재산을 「민법」 제839조의2에 따라
>   재산분할하는 경우
> ㉣ 개인이 토지를 법인에 현물출자하는 경우
> ㉤ 주거용 건물건설업자가 당초부터 판매할 목적으로 신축한 다가구주택을 양도하
>   는 경우

① ㉠, ㉡, ㉢   ② ㉠, ㉢, ㉤   ③ ㉡, ㉢, ㉣
④ ㉡, ㉣, ㉤   ⑤ ㉢, ㉣, ㉤

09 「소득세법」상 양도에 해당하는 것으로 옳은 것은? (26회)

① 법원의 확정판결에 의하여 신탁해지를 원인으로 소유권 이전등기를 하는 경우
② 법원의 확정판결에 의한 이혼위자료로 배우자에게 토지의 소유권을 이전하는 경우
③ 공동소유의 토지를 공유자 지분 변경없이 2개 이상의 공유토지로 분할하였다가 공동지분의 변경없이 그 공유토지를 소유지분별로 단순히 재분할하는 경우
④ 본인 소유자산을 경매·공매로 인하여 자기가 재취득하는 경우
⑤ 매매원인 무효의 소에 의하여 그 매매사실이 원인무효로 판시되어 환원될 경우

10 「소득세법」상 양도에 해당하는 것은? (단, 거주자의 국내자산으로 가정함) (28회)

① 「도시개발법」이나 그 밖의 법률에 따라 환지처분으로 지목이 변경되는 경우
② 부담부증여시 그 증여가액 중 채무액에 해당하는 부분을 제외한 부분
③ 「소득세법 시행령」 제151조 제1항에 따른 양도담보 계약을 체결한 후 채무불이행으로 인하여 당해 자산을 변제에 충당한 때
④ 매매원인 무효의 소에 의하여 그 매매사실이 원인무효로 판시되어 소유권이 환원되는 경우
⑤ 본인 소유의 자산을 경매로 인하여 본인이 재취득한 경우

❤ 양도 및 취득시기

1. 일반적인 경우 ⇨ 대금청산일
   ① 대금청산일이 분명하지 아니한 경우 ⇨ 등기·등록접수일
   ② 대금청산 전에 등기를 한 경우 ⇨ 등기접수일
2. 수용 ⇨ 대금청산일, 등기접수일, 수용개시일 중 빠른 날
3. 장기할부 ⇨ 등기접수일, 인도일, 사용수익일 중 빠른 날
4. 상속 ⇨ 상속이 개시된 날
5. 증여 ⇨ 증여를 받은 날
6. 자기가 건설한 건축물
   ① 허가받은 경우 ⇨ 사용승인서
   ② 허가받지 아니한 경우 ⇨ 사실상 사용일
7. 완성 또는 확정되지 아니한 경우 ⇨ 완성 또는 확정된 날
8. 환지처분
   ① 환지처분으로 취득한 토지 ⇨ 환지 전 토지 취득일
   ② 권리면적의 증가 또는 감소 ⇨ 환지처분 공고일의 다음 날
9. 「민법」 제245조(점유) ⇨ 점유개시일
10. 무효판결로 환원된 경우 ⇨ 당초 취득일
11. 양도한 자산의 취득시기가 분명하지 아니한 경우 ⇨ 먼저 + 먼저
12. 취득시기 의제 ⇨ 85년 1월 1일

11 「소득세법」상 양도차익 계산시 취득 및 양도시기로 **틀린** 것은? (25회)

① 대금을 청산한 날이 분명하지 아니한 경우: 등기부·등록부 또는 명부 등에 기재된 등기·등록접수일 또는 명의개서일

② 증여에 의하여 취득한 자산: 증여를 받는 날

③ 「공익사업을 위한 토지 등의 취득 및 보상에 관한 법률」에 따라 공익사업을 위하여 수용되는 경우: 사업인정고시일

④ 대금을 청산하기 전에 소유권이전등기(등록 및 명의개서 포함)를 한 경우: 등기부·등록부 또는 명부 등에 기재된 등기접수일

⑤ 상속에 의하여 취득한 자산: 상속개시일

12 「소득세법」상 양도소득세 과세대상 자산의 양도 또는 취득의 시기로 **틀린** 것은? (32회)

① 「도시개발법」에 따라 교부받은 토지의 면적이 환지처분에 의한 권리면적보다 증가 또는 감소된 경우: 환지처분의 공고가 있은 날

② 기획재정부령이 정하는 장기할부조건의 경우: 소유권이전등기(등록 및 명의개서를 포함) 접수일·인도일 또는 사용수익일 중 빠른 날

③ 건축허가를 받지 않고 자기가 건설한 건축물의 경우: 그 사실상의 사용일

④ 「민법」 제245조 제1항의 규정에 의하여 부동산의 소유권을 취득하는 경우: 당해 부동산의 점유를 개시한 날

⑤ 대금을 청산한 날이 분명하지 아니한 경우: 등기부·등록부 또는 명부 등에 기재된 등기·등록접수일 또는 명의개서일

13 「소득세법 시행령」 제162조에서 규정하는 양도 또는 취득의 시기에 관한 내용으로 **틀린** 것은? (29회)

① 제1항 제4호: 자기가 건설한 건축물에 있어서 건축허가를 받지 아니하고 건축하는 건축물은 추후 사용승인 또는 임시사용승인을 받는 날

② 제1항 제3호: 기획재정부령이 정하는 장기할부조건의 경우에는 소유권이전등기(등록 및 명의개서를 포함)접수일·인도일 또는 사용수익일 중 빠른 날

③ 제1항 제2호: 대금을 청산하기 전에 소유권이전등기(등록 및 명의개서를 포함)를 한 경우에는 등기부·등록부 또는 명부 등에 기재된 등기접수일

④ 제1항 제5호: 상속에 의하여 취득한 자산에 대하여는 그 상속이 개시된 날

⑤ 제1항 제9호: 「도시개발법」에 따른 환지처분으로 교부받은 토지의 면적이 환지처분에 의한 권리면적보다 증가한 경우 그 증가된 면적의 토지에 대한 취득시기는 환지처분의 공고가 있는 날의 다음 날

14 소득세법령상 양도소득세의 양도 또는 취득시기에 관한 내용으로 **틀린** 것은? (34회)

① 대금을 청산한 날이 분명하지 아니한 경우에는 등기부·등록부 또는 명부 등에 기재된 등기·등록접수일 또는 명의개서일

② 상속에 의하여 취득한 자산에 대하여는 그 상속이 개시된 날

③ 대금을 청산하기 전에 소유권이전등기를 한 경우에는 등기부에 기재된 등기접수일

④ 자기가 건설한 건축물로서 건축허가를 받지 아니하고 건축하는 건축물에 있어서는 그 사실상의 사용일

⑤ 완성되지 아니한 자산을 양도한 경우로서 해당 자산의 대금을 청산한 날까지 그 목적물이 완성되지 아니한 경우에는 해당 자산의 대금을 청산한 날

15 「소득세법」상 농지교환으로 인한 양도소득세와 관련하여 (   )에 들어갈 내용으로 옳은 것은? (20회)

> 경작상의 필요에 의하여 농지를 교환하는 경우, 교환에 의하여 새로이 취득하는 농지를 (㉠) 이상 농지소재지에 거주하면서 경작하는 경우[새로운 농지의 취득 후 (㉡) 이내에 법령에 따라 수용 등이 되는 경우 포함]로서 교환하는 쌍방 토지가액의 차액이 가액이 큰 편의 (㉢) 이하이면 농지의 교환으로 인하여 발생하는 소득에 대한 양도소득세를 비과세한다.

	㉠	㉡	㉢
①	3년	2년	3분의 1
②	2년	3년	4분의 1
③	3년	1년	2분의 1
④	3년	3년	4분의 1
⑤	2년	2년	2분의 1

16 법령의 규정에 따라 경작상 필요에 의해 甲소유의 A농지(가액 10억원)를 乙소유의 B농지(가액 Y원)와 교환하는 경우 양도소득세가 비과세되는 것은? (단, A농지가액은 B농지가액보다 크며, 교환에 의해 취득한 농지를 3년 이상 농지소재지에 거주하면서 경작한다고 가정함) (19회)

① 2억원 < (10억원 − Y원) ≦ 2억 5천만원
② 2억 5천만원 < (10억원 − Y원) ≦ 3억원
③ 3억원 < (10억원 − Y원) ≦ 3억 5천만원
④ 3억 5천만원 < (10억원 − Y원) ≦ 4억원
⑤ 4억원 < (10억원 − Y원) ≦ 4억 5천만원

17 소득세법령상 거주자의 양도소득세 비과세에 관한 설명으로 틀린 것은? (단, 국내소재 자산을 양도한 경우임) (34회)

① 파산선고에 의한 처분으로 발생하는 소득은 비과세된다.
② 「지적재조사에 관한 특별법」에 따른 경계의 확정으로 지적공부상의 면적이 감소되어 같은 법에 따라 지급받는 조정금은 비과세된다.
③ 건설업자가 「도시개발법」에 따라 공사용역 대가로 취득한 체비지를 토지구획환지처분공고 전에 양도하는 토지는 양도소득세 비과세가 배제되는 미등기양도자산에 해당하지 않는다.
④ 「도시개발법」에 따른 도시개발사업이 종료되지 아니하여 토지 취득등기를 하지 아니하고 양도하는 토지는 양도소득세 비과세가 배제되는 미등기양도자산에 해당하지 않는다.
⑤ 국가가 소유하는 토지와 분합하는 농지로서 분합하는 쌍방 토지가액의 차액이 가액이 큰 편의 4분의 1을 초과하는 경우 분합으로 발생하는 소득은 비과세된다.

18 「소득세법」상 거주자의 양도소득세 비과세에 관한 설명으로 옳은 것은? (27회)

① 국내에 1주택만을 보유하고 있는 1세대가 해외이주로 세대전원이 출국하는 경우 출국일로부터 3년이 되는 날 해당 주택을 양도하면 비과세된다.

② 법원의 결정에 의하여 양도 당시 취득에 관한 등기가 불가능한 미등기주택은 양도소득세 비과세가 배제되는 미등기양도자산에 해당하지 않는다.

③ 직장의 변경으로 세대전원이 다른 시로 주거를 이전하는 경우 6개월간 거주한 1주택을 양도하면 비과세된다.

④ 양도 당시 실지거래가액이 15억원인 1세대 1주택의 양도로 발생하는 양도차익 전부가 비과세된다.

⑤ 농지를 교환할 때 쌍방 토지가액의 차액이 가액이 큰 편의 3분의 1인 경우 발생하는 소득은 비과세된다.

19 「소득세법」상 1세대 1주택(고가주택 제외) 비과세 규정에 관한 설명으로 틀린 것은? (단, 거주자의 국내 소재 주택을 가정) (24회)

① 1세대 1주택 비과세규정을 적용하는 부부가 각각 세대를 달리 구성하는 경우에는 동일한 세대로 본다.

② 「해외이주법」에 따른 해외이주로 세대 전원이 출국하는 경우 출국일 현재 1주택을 보유하고 있고 출국일로부터 2년 이내에 당해 주택을 양도하는 경우 보유기간 요건을 충족하지 않더라도 비과세한다.

③ 1주택을 보유하는 자가 1주택을 보유하는 자와 혼인함으로써 1세대 2주택을 보유하게 되는 경우 혼인한 날부터 10년 이내에 먼저 양도하는 주택(보유기간 및 거주기간의 요건은 충족)은 비과세한다.

④ 「건축법 시행령」 별표 1 제1호 다목에 해당하는 다가구주택은 해당 다가구주택을 구획된 부분별로 분양하지 아니하고 하나의 매매단위로 하여 양도하는 경우 그 구획된 부분을 각각 하나의 주택으로 본다.

⑤ 「민간임대주택에 관한 특별법」에 따른 민간건설임대주택을 취득하여 양도하는 경우로서 해당 건설임대주택의 임차일부터 해당 주택의 양도일까지의 기간 중 세대전원이 거주한 기간이 5년 이상인 경우 보유기간 요건을 충족하지 않더라도 비과세한다.

20 다음은 「소득세법 시행령」 제155조 '1세대 1주택의 특례'에 관한 조문의 내용이다. 괄호 안에 들어갈 법령상의 숫자를 순서대로 옳게 나열한 것은? (29회)

> * 1주택을 보유하는 자가 1주택을 보유하는 자와 혼인함으로써 1세대가 2주택을 보유하게 되는 경우 혼인한 날부터 (   )년 이내에 먼저 양도하는 주택은 이를 1세대 1주택으로 보아 제154조 제1항을 적용한다.
> * 1주택을 보유하고 1세대를 구성하는 자가 1주택을 보유하고 있는 (   )세 이상의 직계존속[배우자의 직계존속을 포함하며, 직계존속 중 어느 한 사람이 (   )세 미만인 경우를 포함]을 동거봉양하기 위하여 세대를 합침으로써 1세대가 2주택을 보유하게 되는 경우 합친 날부터 (   )년 이내에 먼저 양도하는 주택은 이를 1세대 1주택으로 보아 제154조 제1항을 적용한다.

① 3, 55, 55, 5
② 3, 60, 60, 5
③ 3, 60, 55, 10
④ 5, 55, 55, 10
⑤ 10, 60, 60, 10

21 「소득세법 시행령」 제155조 '1세대 1주택의 특례'에 관한 조문의 내용이다. (   )에 들어갈 숫자로 옳은 것은? (33회)

> * 영농의 목적으로 취득한 귀농주택으로서 수도권 밖의 지역 중 면지역에 소재하는 주택과 일반주택을 국내에 각각 1개씩 소유하고 있는 1세대가 귀농주택을 취득한 날부터 (㉠)년 이내에 일반주택을 양도하는 경우에는 국내에 1개의 주택을 소유하고 있는 것으로 보아 제154조 제1항을 적용한다.
> * 취학 등 부득이한 사유로 취득한 수도권 밖에 소재하는 주택과 일반주택을 국내에 각각 1개씩 소유하고 있는 1세대가 부득이한 사유가 해소된 날부터 (㉡)년 이내에 일반주택을 양도하는 경우에는 국내에 1개의 주택을 소유하고 있는 것으로 보아 제154조 제1항을 적용한다.
> * 1주택을 보유하는 자가 1주택을 보유하는 자와 혼인함으로써 1세대가 2주택을 보유하게 되는 경우 혼인한 날부터 (㉢)년 이내에 먼저 양도하는 주택은 이를 1세대 1주택으로 보아 154조 제1항을 적용한다.

① ㉠: 2, ㉡: 2, ㉢: 5
② ㉠: 2, ㉡: 3, ㉢: 10
③ ㉠: 3, ㉡: 2, ㉢: 5
④ ㉠: 5, ㉡: 3, ㉢: 5
⑤ ㉠: 5, ㉡: 3, ㉢: 10

22 1세대가 국내에 소재하는 1주택(등기되어 있으며, 고가주택은 아니다)을 양도한 경우로서 양도소득세가 비과세되는 경우가 <u>아닌</u> 것은? (18회 변형)

① 취득당시 조정대상지역에 소재하는 주택을 3년 동안 보유하고 그 보유기간 중에 2년 동안 거주한 후 양도한 경우

② 부산광역시에 소재하는 주택을 1년 동안 보유하고 양도한 경우로서, 양도일로부터 1년 6개월 전에 세대 전원이 「해외이주법」에 따른 해외이주로 출국한 경우

③ 대전광역시에 소재하는 주택을 1년 동안 보유하고 6개월 동안 거주하던 중 양도한 경우로서, 법령이 정하는 근무상의 형편으로 다른 시로 세대 전원이 이사한 경우

④ 광주광역시에 소재하는 주택을 1년 동안 보유하고 양도한 경우로서, 양도일로부터 6개월 전에 1년 이상 해외거주를 필요로 하는 근무상의 형편으로 세대 전원이 출국한 경우

⑤ 「공공주택특별법」에 의한 공공건설임대주택을 1년 전에 취득하여 양도한 경우로서, 해당 건설임대주택의 임차일로부터 해당 주택의 양도일까지의 기간 중 세대전원이 거주한 기간이 7년인 경우

23 소득세법령상 거주자의 국내자산 양도에 대한 양도소득세에 관한 설명으로 옳은 것은? (35회)

① 부담부증여의 채무액에 해당하는 부분으로서 양도로 보는 경우에는 그 양도일이 속하는 달의 말일부터 2개월 이내에 양도소득세를 신고하여야 한다.

② 토지를 매매하는 거래당사자가 매매계약서의 거래가액을 실지거래가액과 다르게 적은 경우에는 해당 자산에 대하여 「소득세법」에 따른 양도소득세의 비과세에 관한 규정을 적용할 때, 비과세 받을 세액에서 '비과세에 관한 규정을 적용하지 아니하였을 경우의 양도소득 산출세액'과 '매매계약서의 거래가액과 실지거래가액과의 차액' 중 큰 금액을 뺀다.

③ 사업상의 형편으로 인하여 세대전원이 다른 시·군으로 주거를 이전하게 되어 6개월 거주한 주택을 양도하는 경우 보유기간 및 거주기간의 제한을 받지 아니하고 양도소득세가 비과세된다.

④ 토지의 양도로 발생한 양도차손은 동일한 과세기간에 전세권의 양도로 발생한 양도소득금액에서 공제할 수 있다.

⑤ 상속받은 주택과 상속개시 당시 보유한 일반주택을 국내에 각각 1개씩 소유한 1세대가 상속받은 주택을 양도하는 경우에는 국내에 1개의 주택을 소유하고 있는 것으로 보아 1세대 1주택 비과세 규정을 적용한다.

24 「소득세법」상 양도소득세 비과세 대상인 1세대 1주택을 거주자 甲이 특수관계 없는 乙에게 다음과 같이 양도한 경우, 양도소득세의 비과세에 관한 규정을 적용할 때 비과세 받을 세액에서 뺄 금액은 얼마인가? (단, 다음 제시된 사항만 고려함) (22회)

> - 매매(양도)계약서상의 거래가액 : 3억 5천만원
> - 양도시 시가 및 실지거래가액 : 3억원
> - 甲의 주택에 양도소득세 비과세에 관한 규정을 적용하지 않을 경우 양도소득 산출세액 : 3천만원

① 0원   ② 1천만원   ③ 2천만원
④ 3천만원   ⑤ 5천만원

25 1세대 1주택 비과세 요건을 충족하는 거주자 甲이 다음과 같은 단층 겸용주택(주택은 국내 상시주거용이며, 도시지역 중 수도권 밖의 주거지역에 존재)을 7억원에 양도하였을 경우 양도소득세가 과세되는 건물면적과 토지면적으로 옳은 것은? (단, 주어진 조건 외에는 고려하지 않음) (26회)

> - 건물 : 주택 $80m^2$, 상가 $120m^2$
> - 토지 : 건물 부수토지 $800m^2$

① 건물 $120m^2$, 토지 $320m^2$ ② 건물 $120m^2$, 토지 $400m^2$
③ 건물 $120m^2$, 토지 $480m^2$ ④ 건물 $200m^2$, 토지 $400m^2$
⑤ 건물 $200m^2$, 토지 $480m^2$

26 1세대 1주택 비과세 요건을 갖춘 거주자가 도시지역 중 수도권 내의 상업지역에 소재하는 다음과 같은 겸용주택을 양도하였을 경우 양도소득세의 과세범위는 얼마인가? (단, 국내 상시 주거용이며, 주어진 조건 외에는 고려하지 않음) (18회)

> - ㉠ 토지 연면적 : $1,200m^2$
> - ㉡ 건물 연면적 : $200m^2$
> - ㉢ 주거용으로 사용되는 면적 : $50m^2$
> - ㉣ 상업용으로 사용되는 면적 : $150m^2$

① 토지 $950m^2$, 건물 $150m^2$ ② 토지 $100m^2$, 건물 $50m^2$
③ 모두 과세된다.   ④ 모두 비과세된다.
⑤ 토지 $1,050m^2$, 건물 $150m^2$

27 「소득세법」상 거주자의 양도소득세에 관한 설명으로 **틀린** 것은? (단, 국내 소재 부동산을 양도한 경우임) (22회)

① 양도소득 과세표준은 종합소득 및 퇴직소득에 대한 과세표준과 구분하여 계산한다.

② 양도차익 계산시 증여에 의하여 취득한 토지는 증여를 받은 날을 취득시기로 한다.

③ 양도소득의 총수입금액은 양도가액으로 한다.

④ 양도차익은 양도가액에서 장기보유특별공제액을 공제하여 계산한다.

⑤ 100분의 70의 양도소득세 세율이 적용되는 미등기 양도자산에 대하여 양도소득 과세표준 계산시 양도소득기본공제는 적용되지 않는다.

28 「소득세법」상 국내 자산의 양도시 양도소득 과세표준을 감소시킬 수 있는 항목에 해당하지 **않는** 것은? (18회)

① 자산의 취득에 소요된 실지거래가액

② 자산을 양도하기 위하여 직접 지출한 비용

③ 장기보유특별공제액

④ 양도소득기본공제액

⑤ 기납부세액

29 거주자 甲이 특수관계 없는 자로부터 부동산을 취득하여 양도한 때 장부 등에 의하여 취득 당시 당해 자산의 실지거래가액을 확인할 수 없어 취득가액을 추계조사결정하는 경우, 「소득세법」상 추계방법의 적용순서로 옳은 것은? (20회)

㉠ 취득일 전후 3개월 이내 해당 자산과 동일성 또는 유사성이 있는 자산의 매매사례가액
㉡ 양도 당시의 실지거래가액 등을 취득 당시의 기준시가 등으로 환산한 가액
㉢ 취득일 전후 3개월 이내 당해 자산(기준시가가 10억원을 초과함)에 대하여 2 이상의 감정평가업자가 평가한 것으로서 신빙성이 있는 것으로 인정되는 감정가액의 평균액
㉣ 기준시가

① ㉠ ⇨ ㉡ ⇨ ㉢ ⇨ ㉣   ② ㉠ ⇨ ㉢ ⇨ ㉡ ⇨ ㉣
③ ㉡ ⇨ ㉠ ⇨ ㉣ ⇨ ㉢   ④ ㉢ ⇨ ㉣ ⇨ ㉠ ⇨ ㉡
⑤ ㉣ ⇨ ㉢ ⇨ ㉡ ⇨ ㉠

30 「소득세법」상 거주자의 양도소득세가 과세되는 부동산의 양도가액 또는 취득가액을 추계조사하여 양도소득 과세표준 및 세액을 결정 또는 경정하는 경우에 관한 설명으로 **틀린** 것은? (단, 매매사례가액과 감정가액은 특수관계인과의 거래가액이 아님)

(24회)

① 양도 당시 또는 취득 당시 실지거래가액의 확인을 위하여 필요한 장부·매매계약서·영수증 기타 증빙서류가 없거나 그 중요한 부분이 미비한 경우 추계결정 또는 경정의 사유에 해당한다.

② 매매사례가액, 감정가액, 환산취득가액, 기준시가를 순차로 적용한다.

③ 매매사례가액은 양도일 또는 취득일 전후 각 3개월 이내에 해당 자산과 동일성 또는 유사성이 있는 자산의 매매사례가 있는 경우 그 가액을 말한다.

④ 감정가액은 해당 자산(기준시가가 10억원을 초과함)에 대하여 감정평가기준일이 양도일 또는 취득일 전후 각 3개월 이내이고 2 이상의 감정평가업자가 평가한 것으로서 신빙성이 인정되는 경우 그 감정가액의 평균액으로 한다.

⑤ 환산가액은 양도가액을 추계할 경우에는 적용되지만, 취득가액을 추계할 경우에는 적용되지 않는다.

31 2016년 취득 후 등기한 토지를 2025년 6월 15일에 양도한 경우, 「소득세법」상 토지의 양도차익 계산에 관한 설명으로 **틀린** 것은? (단, 특수관계인과의 거래가 아님)

(26회)

① 취득 당시 실지거래가액을 확인할 수 없는 경우에는 매매사례가액, 환산취득가액, 감정가액, 기준시가를 순차로 적용하여 산정한 가액을 취득가액으로 한다.

② 양도와 취득시의 실지거래가액을 확인할 수 있는 경우에는 양도가액과 취득가액을 실지거래가액으로 산정한다.

③ 취득가액을 실지거래가액으로 계산하는 경우 자본적 지출액은 필요경비에 포함된다.

④ 취득가액을 매매사례가액으로 계산하는 경우 취득 당시 개별공시지가에 3/100을 곱한 금액이 필요경비에 포함된다.

⑤ 양도가액을 기준시가에 따를 때에는 취득가액도 기준시가에 따른다.

32 「소득세법」상 거주자가 국내 소재 주택의 양도가액과 취득가액을 실지거래된 금액을 기준으로 양도차익을 산정하는 경우, 양도소득의 필요경비에 해당하지 <u>않는</u> 것은? (단, 지출액은 양도주택과 관련된 것으로 전액 양도자가 부담하며, 그 지출에 관한 증빙서류를 수취 보관하고 있음) (22회)

① 주택의 취득대금에 충당하기 위한 대출금의 이자지급액

② 취득시 법령의 규정에 따라 매입한 국민주택채권을 만기 전에 법령이 정하는 금융기관에 양도함으로써 발생하는 매각차손

③ 양도 전 주택의 이용편의를 위한 방 확장 공사비용(이로 인해 주택의 가치가 증가됨)

④ 양도소득세 과세표준신고서 작성비용

⑤ 공인중개사에게 지출한 부동산중개보수

33 「소득세법」상 사업소득이 있는 거주자가 실지거래가액에 의해 부동산의 양도차익을 계산하는 경우 양도가액에서 공제할 자본적 지출액 또는 양도비에 포함되지 <u>않는</u> 것은? (단, 자본적 지출액에 대해서는 법령에 따른 증명서류가 수취·보관되어 있으며, 금융거래증빙도 갖추고 있음) (27회)

① 자산을 양도하기 위하여 직접 지출한 양도소득세 과세표준신고서 작성비용

② 납부의무자와 양도자가 동일한 경우 「재건축초과이익 환수에 관한 법률」에 따른 재건축부담금

③ 양도자산의 이용편의를 위하여 지출한 비용

④ 양도자산의 취득 후 쟁송이 있는 경우 그 소유권을 확보하기 위하여 직접 소요된 소송비용으로서 그 지출한 연도의 각 사업소득금액 계산시 필요경비에 산입된 금액

⑤ 자산을 양도하기 위하여 직접 지출한 공증비용

34 「소득세법」상 거주자가 국내자산을 양도한 경우 양도소득의 필요경비에 관한 설명으로 옳은 것은? (28회)

① 취득가액을 실지거래가액에 의하는 경우 당초 약정에 의한 지급기일의 지연으로 인하여 추가로 발생하는 이자상당액은 취득원가에 포함하지 아니한다.

② 취득가액을 실지거래가액에 의하는 경우 자본적 지출액도 실지로 지출된 가액에 의하므로 「소득세법」 제160조의2 제2항에 따른 증명서류를 수취·보관하지 않는 경우에는 실제 지출사실이 금융거래 증명서류에 의하여 확인되는 경우에도 필요경비로 인정되지 아니한다.

③ 「소득세법」 제97조 제3항에 따른 취득가액을 계산할 때 감가상각비를 공제하는 것은 취득가액을 실지거래가액으로 하는 경우에만 적용하므로 취득가액을 환산가액으로 하는 때에는 적용하지 아니한다.

④ 토지를 취득함에 있어서 부수적으로 매입한 채권을 만기 전에 양도함으로써 발생하는 매각차손은 채권의 매매상대방과 관계없이 전액 양도비용으로 인정된다.

⑤ 취득세는 납부영수증이 없으면 필요경비로 인정되지 아니한다.

35 거주자 甲이 아래의 국내 소재 상업용 건물을 특수관계인이 아닌 거주자 乙에게 부담부증여하고, 乙이 甲의 해당 피담보채무를 인수한 경우, 양도차익 계산시 상업용 건물의 취득가액은 얼마인가? (23회)

> • 취득당시 실지거래가액 : 8천만원
> • 취득당시 기준시가 : 5천만원
> • 증여일 현재 「상속세 및 증여세법」에 따른 평가액(감정가액) : 5억원
> • 상업용 건물에는 금융회사로부터의 차입금 1억원(채권최고액 : 1억 2천만원)에 대한 근저당권이 설정되어 있음
> • 양도가액은 양도당시 「상속세 및 증여세법」에 따른 평가액(감정가액)을 기준으로 계산함

① 1천만원   ② 1천 2백만원
③ 1천 6백만원   ④ 1천 9백 20만원
⑤ 8천만원

36 거주자 甲은 국내에 있는 양도소득세 과세대상 X토지를 2016년 시가 1억원에 매수하여 2025년 배우자 乙에게 증여하였다. X토지에는 甲의 금융기관 차입금 5천만원에 대한 저당권이 설정되어 있었으며 乙이 이를 인수한 사실은 채무부담계약서에 의하여 확인되었다. X토지의 증여가액과 증여시 「상속세 및 증여세법」에 따라 평가한 가액(시가)은 각각 2억원이었다. 다음 중 틀린 것은? (30회)

① 배우자 간 부담부증여로서 수증자에게 인수되지 아니한 것으로 추정되는 채무액은 부담부증여의 채무액에 해당하는 부분에서 제외한다.

② 乙이 인수한 채무 5천만원에 해당하는 부분은 양도로 본다.

③ 양도로 보는 부분의 취득가액은 2천 5백만원이다.

④ 양도로 보는 양도가액은 5천만원이다.

⑤ 甲이 X토지와 증여가액(시가) 2억원인 양도소득세 과세대상에 해당하지 않는 Y자산을 함께 乙에게 부담부증여하였다면 乙이 인수한 채무 5천만원에 해당하는 부분은 모두 X토지에 대한 양도로 본다.

37 「소득세법」상 거주자 甲이 2021년 5월 2일 취득하여 2025년 3월 20일 등기한 상태로 양도한 건물에 대한 자료이다. 甲의 양도소득세 부담을 최소화하기 위한 양도차익은? (단, 자본적 지출액과 양도비 지출액은 그 지출에 관한 증빙서류를 수취 보관함) (25회)

> • 취득과 양도당시 실지거래가액은 확인되지 않는다.
> • 취득당시 매매사례가액과 감정가액은 없으며, 기준시가는 1억원이다.
> • 양도당시 매매사례가액은 3억원이고 감정가액은 없으며, 기준시가는 2억원이다.
> • 자본적 지출액(본래의 용도를 변경하기 위한 개조비)은 1억 4천만원, 양도비 지출액(공증비용·인지대·소개비)은 2천만원이다.

① 1억 4천만원 　　　　　　② 1억 4천 2백만원
③ 1억 4천 3백만원 　　　　④ 1억 4천 7백만원
⑤ 1억 4천 9백만원

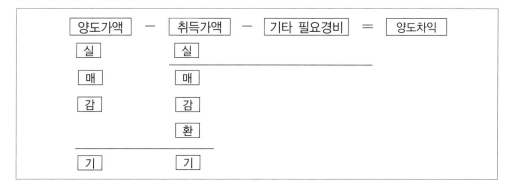

38 다음은 거주자 甲의 상가건물 양도소득세 관련 자료이다. 이 경우 양도차익은? (단, 양도차익을 최소화하는 방향으로 필요경비를 선택하고, 부가가치세는 고려하지 않음)

(32회)

(1) 취득 및 양도 내역

구 분	실지거래가액	기준시가	거래일자
양도 당시	5억원	4억원	2025. 4. 30.
취득 당시	확인 불가능	2억원	2024. 3. 7.

(2) 자본적지출액 및 소개비 : 2억 6천만원(세금계산서 수취함)

(3) 주어진 자료 외에는 고려하지 않는다.

① 2억원
② 2억 4천만원
③ 2억 4천 4백만원
④ 2억 5천만원
⑤ 2억 6천만원

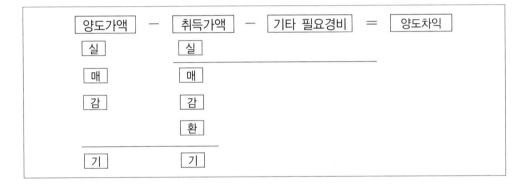

39 다음은 거주자가 국내 소재 1세대 1주택을 양도한 내용이다. 양도차익은 얼마인가?
(단, 자본적 지출액과 양도비는 지출에 관한 증빙서류를 수취·보관함) (28회)

구 분	가 액		거래일자
	실지거래가액	기준시가	
양 도	15억원	6억원	2025.3.2.
취 득	확인 불가능	3억원	2021.2.4.

(1) 취득 및 양도내역(등기됨)
(2) 자본적 지출 및 양도비용은 1천 7백만원이다.
(3) 주어진 자료 외에는 고려하지 않는다.

① 14,820,000원   ② 74,100,000원
③ 148,200,000원   ④ 741,000,000원
⑤ 759,000,000원

```
양도가액  -  취득가액  -  기타 필요경비  =  양도차익
 실          실
 매          매
 감          감
             환
 기          기
```

40 「소득세법」상 국내에 있는 자산의 기준시가 산정에 관한 설명으로 틀린 것은? (30회)

① 개발사업 등으로 지가가 급등하거나 급등 우려가 있는 지역으로서 국세청장이 지정한 지역에 있는 토지의 기준시가는 배율방법에 따라 평가한 가액으로 한다.

② 상업용 건물에 대한 새로운 기준시가가 고시되기 전에 취득 또는 양도하는 경우에는 직전의 기준시가에 의한다.

③ 「민사집행법」에 의한 저당권실행을 위하여 토지가 경매되는 경우의 그 경락가액이 개별공시지가보다 낮은 경우에는 그 차액을 개별공시지가에서 차감하여 양도 당시 기준시가를 계산한다(단, 지가 급등지역 아님).

④ 부동산을 취득할 수 있는 권리에 대한 기준시가는 양도자산의 종류를 고려하여 취득일 또는 양도일까지 납입한 금액으로 한다.

⑤ 국세청장이 지정하는 지역에 있는 오피스텔의 기준시가는 건물의 종류, 규모, 거래상황, 위치 등을 고려하여 매년 1회 이상 국세청장이 토지와 건물에 대하여 일괄하여 산정·고시하는 가액으로 한다.

41 「소득세법」상 건물의 양도에 따른 장기보유특별공제에 관한 설명으로 틀린 것은?

(26회)

① 100분의 70의 세율이 적용되는 미등기 건물에 대해서는 원칙적으로 장기보유특별공제를 적용하지 아니한다.

② 보유기간이 3년 이상인 등기된 상가건물은 장기보유특별공제가 적용된다.

③ 1세대 1주택 요건을 충족한 고가주택(보유기간 및 거주기간 2년 6개월)이 과세되는 경우 장기보유특별공제가 적용된다.

④ 장기보유특별공제액은 건물(법령에 따른 1세대 1주택은 아님)의 양도차익에 보유기간에 따른 공제율을 곱하여 계산한다.

⑤ 보유기간이 12년인 등기된 상가건물의 장기보유특별공제율은 100분의 24이다.

42 거주자가 국내에 소재하는 자산을 양도하는 경우 「소득세법」상 장기보유특별공제에 관한 설명으로 틀린 것은? (단, 양도자산은 비과세되지 아니한다)

(20회)

① 법령이 정하는 1세대 1주택에 해당하는 자산의 경우 10년 이상 보유하고 그 보유기간 중에 10년 이상 거주한 경우 100분의 80의 공제율이 적용된다.

② 법령이 정하는 비사업용 토지에 해당하는 경우에도 적용된다.

③ 법원의 결정에 의하여 양도 당시 취득에 관한 등기가 불가능한 부동산에 대하여는 적용되지 아니한다.

④ 토지·건물로서 보유기간이 3년 이상인 것(미등기 양도자산은 제외)과 부동산을 취득할 수 있는 권리 중 조합원입주권(조합원으로부터 취득한 것은 제외)에 한정한다.

⑤ 양도소득금액은 양도차익에서 장기보유특별공제액을 공제한 금액으로 한다.

43 「소득세법」상 장기보유특별공제와 양도소득기본공제에 관한 설명으로 **틀린** 것은? (단, 거주자의 국내 소재 부동산을 양도한 경우임) (24회)

① 보유기간이 3년 이상인 토지 및 건물(미등기 양도자산은 제외)에 한정하여 장기보유특별공제가 적용된다.

② 1세대 1주택이라도 장기보유특별공제가 적용될 수 있다.

③ 장기보유특별공제액은 해당 자산의 양도차익에 법령이 정하는 공제율을 곱하여 계산한다.

④ 등기된 비사업용 토지를 양도한 경우 양도소득기본공제 대상이 된다.

⑤ 장기보유특별공제 계산시 해당 자산의 보유기간은 그 자산의 취득일부터 양도일까지로 하지만, 「소득세법」 제97조의2 제1항에 따른 배우자 또는 직계존비속 간 증여재산에 대한 이월과세가 적용되는 경우에는 증여한 배우자 또는 직계존비속이 해당 자산을 취득한 날부터 기산한다.

44 양도소득세에 관한 설명으로 **틀린** 것은? (19회)

① 「도시개발법」의 규정에 따라 환지처분으로 지목이 변경되는 경우는 양도소득세 과세대상이 아니다.

② 채무자가 채무의 변제를 담보하기 위하여 자산을 양도하는 계약을 체결한 후 채무불이행으로 인하여 당해 자산을 변제에 충당한 경우는 양도소득세 과세대상이다.

③ 지상권의 양도는 등기여부에 관계없이 양도소득세 과세대상이다.

④ 거주자의 양도소득 과세표준은 종합소득 및 퇴직소득의 과세표준과 구분하여 계산한다.

⑤ 거주자가 국내 소재 토지를 양도하여 발생한 양도차손은 같은 해에 신탁수익권을 양도하여 발생한 양도소득금액에서 이를 공제받을 수 있다.

45 「소득세법」상 거주자가 국내 소재 부동산을 양도한 경우, 양도소득세에 관한 설명으로 틀린 것은? (23회)

① 2주택을 소유한 1세대가 등기된 주택(조정대상지역은 아님)을 3년 이상 보유하고 양도하는 경우 거주기간에 관계없이 장기보유특별공제를 적용 받을 수 있다.

② 1세대 1주택(고가주택은 제외)에 대한 비과세 규정을 적용함에 있어 하나의 건물이 주택과 주택 외의 부분으로 복합되어 있는 경우로서 주택 연면적이 주택 외의 연면적보다 큰 경우에는 그 전부를 주택으로 본다.

③ 증여자인 매형의 채무를 수증자가 인수하는 부담부증여인 경우에는 증여가액 중 그 채무액에 상당하는 부분은 그 자산이 유상으로 사실상 이전되는 것으로 본다.

④ 해당 연도에 양도한 토지에서 발생한 양도차손은 5년 이내에 양도하는 토지의 양도소득금액에서 이월하여 공제받을 수 있다.

⑤ 1세대 1주택인 고가주택을 양도한 경우, 실지양도가액 중 12억원을 초과하는 부분의 양도차익에 대해서는 양도소득세가 과세된다.

46 양도소득세에 관한 설명으로 틀린 것은? (19회)

① 토지의 양도가액은 원칙적으로 양도 당시의 양도자와 양수인 간에 실제로 거래한 가액으로 한다.

② 「소득세법」상 甲이 특수관계가 없는 乙에게 무상으로 고가주택을 이전한 경우에는 양도소득세 과세대상이 아니다.

③ 배우자 또는 직계존비속이 아닌 자 간의 부담부증여에 있어 수증자가 증여자의 채무를 인수하는 경우 그 채무상당액은 양도소득세 과세대상이 아니다.

④ 파산선고에 의한 처분으로 인하여 발생하는 소득은 양도소득세 비과세 대상이다.

⑤ 미등기 자산(등기로 보는 경우는 제외)의 양도에 대해서는 양도소득기본공제가 적용되지 아니한다.

47 「소득세법」상 거주자의 양도소득세 과세표준 계산에 관한 설명으로 옳은 것은? (단, 국내자산 양도임) (29회)

① 양도소득금액을 계산할 때 부동산을 취득할 수 있는 권리에서 발생한 양도차손은 같은 해에 토지에서 발생한 양도소득금액에서 공제할 수 없다.

② 양도차익을 실거래가액에 의하는 경우 양도가액에서 공제할 취득가액은 그 자산에 대한 감가상각비로서 각 과세기간의 사업소득금액을 계산하는 경우 필요경비에 산입한 금액이 있을 때에는 이를 공제하지 않는 금액으로 한다.

③ 양도소득에 대한 과세표준은 종합소득 및 퇴직소득에 대한 과세표준과 구분하여 계산한다.

④ 1세대 1주택 비과세 요건을 충족하는 고가주택의 실지양도가액이 20억원이고 양도차익이 10억원인 경우 양도소득세가 과세되는 양도차익은 6억원이다.

⑤ 2018년 4월 1일 이후 지출한 자본적 지출액은 그 지출에 관한 증명서류를 수취·보관하지 않고 실제 지출사실이 금융거래 증명서류에 의하여 확인되지 않는 경우에도 양도차익 계산시 양도가액에서 공제할 수 있다.

48 「소득세법」상 거주자의 국내 소재 1세대 1주택인 고가주택과 그 양도소득세에 관한 설명으로 틀린 것은? (31회)

① 거주자가 2024년 취득 후 계속 거주한 법령에 따른 고가주택을 2025년 5월에 양도하는 경우 장기보유특별공제의 대상이 되지 않는다.

② '고가주택'이란 기준시가 12억원을 초과하는 주택을 말한다.

③ 법령에 따른 고가주택에 해당하는 자산의 장기보유특별공제액은 「소득세법」 제95조 제2항에 따른 장기보유특별공제액에 '양도가액에서 12억원을 차감한 금액이 양도가액에서 차지하는 비율'을 곱하여 산출한다.

④ 법령에 따른 고가주택에 해당하는 자산의 양도차익은 「소득세법」 제95조 제1항에 따른 양도차익에 '양도가액에서 12억원을 차감한 금액이 양도가액에서 차지하는 비율'을 곱하여 산출한다.

⑤ 「건축법 시행령」 [별표 1]에 의한 다가구주택을 구획된 부분별로 양도하지 아니하고 하나의 매매단위로 양도하여 단독주택으로 보는 다가구주택의 경우에는 그 전체를 하나의 주택으로 보아 법령에 따른 고가주택 여부를 판단한다.

49 거주자가 양도한 국내 소재 등기된 토지(보유기간 1년 6개월)의 자료이다. 양도소득 과세표준은 얼마인가? (단, 해당 과세기간 중 다른 양도거래는 없음) (24회)

> • 취득시 기준시가는 7천만원
> • 취득시 실지거래가액은 9천만원
> • 양도시 기준시가는 1억원
> • 양도시 실지거래가액은 1억 2천 5백만원
> • 자본적 지출액 및 양도비 지출액은 2백만원

① 2천 7백 50만원   ② 3천만원   ③ 3천 50만원
④ 3천 3백만원   ⑤ 3천 5백만원

50 거주자 甲의 매매(양도일: 2025.5.1.)에 의한 등기된 토지 취득 및 양도에 관한 다음의 자료를 이용하여 양도소득세 과세표준을 계산하면? (단, 법령에 따른 적격증명서류를 수취·보관하고 있으며, 주어진 조건 이외에는 고려하지 않음) (33회)

항 목	기준시가	실지거래가액
양도가액	40,000,000원	67,000,000원
취득가액	35,000,000원	42,000,000원
추가사항	• 양도비용: 4,000,000원 • 보유기간: 2년	

① 18,500,000원   ② 19,320,000원
③ 19,740,000원   ④ 21,000,000원
⑤ 22,500,000원

51 소득세법령상 1세대 1주택자인 거주자 甲이 2025년 양도한 국내소재 A주택(조정대상지역이 아니며 등기됨)에 대한 양도소득과세표준은? (단, 2025년 A주택 외 양도한 자산은 없으며, 법령에 따른 적격증명서류를 수취·보관하고 있고 주어진 조건 이외에는 고려하지 않음) (34회)

구 분	기준시가	실지거래가액
양도시	18억원	25억원
취득시	13억 5천만원	19억 5천만원
추가사항	<td colspan="2">• 양도비 및 자본적지출액 : 5천만원 • 보유기간 및 거주기간 : 각각 5년 • 장기보유특별공제율 : 보유기간별 공제율과 거주기간별 공제율은 각각 20%</td>

① 153,500,000원　　　　　　　　② 156,000,000원
③ 195,500,000원　　　　　　　　④ 260,000,000원
⑤ 500,000,000원

52 다음 자료를 기초로 할 때 소득세법령상 거주자 甲이 확정신고시 신고할 건물과 토지 B의 양도소득과세표준을 각각 계산하면? (단, 아래 자산 외의 양도자산은 없고, 양도소득과세표준 예정신고는 모두 하지 않았으며, 감면소득금액은 없다고 가정함) (35회)

구 분	건물(주택 아님)	토지 A	토지 B
양도차익(차손)	15,000,000원	(20,000,000원)	25,000,000원
양도일자	2025.3.10.	2025.5.20	2025.6.25.
보유기간	1년 8개월	4년 3개월	3년 5개월

• 위 자산은 모두 국내에 있으며 등기됨
• 토지 A, 토지 B는 비사업용 토지 아님
• 장기보유 특별공제율은 6%로 가정함

	건 물	토지 B
①	0원	16,000,000원
②	0원	18,500,000원
③	11,600,000원	5,000,000원
④	12,500,000원	3,500,000원
⑤	12,500,000원	1,000,000원

❦ 양도소득세 세율

구 분			보유기간		
			1년 미만	1년 이상 2년 미만	2년 이상
부동산 부동산 권리	미등기		70%	70%	70%
	등 기	주 택 입주권 분양권	70%	60%	분양권 60%
					누진세
	등기의제	그 외	50%	40%	누진세
기타자산(회원권, 영업권, 이축권)			누진세	누진세	누진세

53 「소득세법」상 등기된 국내 부동산에 대한 양도소득 과세표준의 세율에 관한 내용으로 옳은 것은? (27회)

① 1년 6개월 보유한 1주택 : 100분의 40
② 2년 1개월 보유한 상가건물 : 100분의 40
③ 10개월 보유한 상가건물 : 100분의 50
④ 6개월 보유한 1주택 : 100분의 60
⑤ 1년 8개월 보유한 상가건물 : 100분의 50

54 「소득세법」상 거주자가 국내에 있는 자산을 양도한 경우 양도소득 과세표준에 적용되는 세율로 틀린 것은? (단, 주어진 자산 외에는 고려하지 않음) (30회 변형)

① 보유기간이 1년 이상 2년 미만인 등기된 상업용 건물 : 100분의 40
② 보유기간이 1년 미만인 조합원입주권 : 100분의 70
③ 보유기간이 3년인 분양권 : 100분의 50
④ 양도소득 과세표준이 1,400만원 이하이며, 보유기간이 2년 이상인 등기된 비사업용 토지(지정지역에 있지 않음) : 100분의 16
⑤ 미등기 건물(미등기 양도 제외 자산 아님) : 100분의 70

55 소득세법령상 거주자의 양도소득과세표준에 적용되는 세율에 관한 내용으로 옳은 것은? (단, 국내소재 자산을 2025년에 양도한 경우로서 주어진 자산 외에 다른 자산은 없으며, 비과세와 감면은 고려하지 않음) (34회)

① 보유기간이 6개월인 등기된 상가건물: 100분의 40
② 보유기간이 10개월인 「소득세법」에 따른 분양권: 100분의 70
③ 보유기간이 1년 6개월인 등기된 상가건물: 100분의 30
④ 보유기간이 1년 10개월인 「소득세법」에 따른 조합원입주권: 100분의 70
⑤ 보유기간이 2년 6개월인 「소득세법」에 따른 분양권: 100분의 50

56 양도소득세 세율 중 100분의 50이 적용되는 경우로 옳은 것은? (단, 거주자가 국내에 소재하는 자산을 양도하는 것으로 하며, 초과누진세율로 적용하여 산출한 세액보다 100분의 50의 세율을 적용하여 산출한 세액이 더 크다고 가정한다) (19회)

① 1년 5개월 보유한 등기된 전세권의 양도
② 2년 7개월 보유한 주택분양권의 양도
③ 9개월 보유한 미등기(등기로 보는 경우는 제외) 부동산의 양도
④ 7개월 보유한 등기된 1주택의 양도
⑤ 10개월 보유한 등기된 상가건물

❤ 미등기 양도자산

구 분	미등기	등기로 보는 경우
비과세, 감면	불가능	가능
필요경비	가능	가능
장기보유특별공제	불가능	가능
양도소득기본공제	불가능	가능
세 율	70%	보유기간에 따라 달라짐 (40%, 50%, 60%, 70%, 누진세)

> 미등기 제외 자산(등기로 보는 경우)
> 1. 장기할부조건으로 취득한 자산으로서 그 계약조건에 의하여 양도 당시 그 자산의 취득에 관한 등기가 불가능한 자산
> 2. 법률의 규정 또는 법원의 결정에 의하여 양도 당시 그 자산의 취득에 관한 등기가 불가능한 자산
> 3. 비과세대상인 1세대 1주택으로서 「건축법」에 의한 건축허가를 받지 아니하여 등기가 불가능한 자산
> 4. 비과세 또는 감면대상 농지
> 5. 「도시개발법」에 따른 도시개발사업이 종료되지 아니하여 토지취득등기를 하지 아니하고 양도하는 토지
> 6. 건설업자가 「도시개발법」에 따라 공사용역 대가로 취득한 체비지를 토지구획환지처분공고 전에 양도하는 토지

57 「소득세법」상 미등기 양도자산(미등기 양도 제외 자산 아님)인 상가건물의 양도에 관한 내용으로 옳은 것을 모두 고른 것은? (32회)

> ㉠ 양도소득세율은 양도소득 과세표준의 100분의 70
> ㉡ 장기보유특별공제 적용 배제
> ㉢ 필요경비개산공제 적용 배제
> ㉣ 양도소득기본공제 적용 배제

① ㉠, ㉡, ㉢   ② ㉠, ㉡, ㉣   ③ ㉠, ㉢, ㉣
④ ㉡, ㉢, ㉣   ⑤ ㉠, ㉡, ㉢, ㉣

58 「소득세법」상 미등기 양도 제외 자산을 모두 고른 것은? (32회)

> ㉠ 양도소득세 비과세요건을 충족한 1세대 1주택으로서 「건축법」에 따른 건축허가를 받지 아니하여 등기가 불가능한 자산
> ㉡ 법원의 결정에 의하여 양도 당시 그 자산의 취득에 관한 등기가 불가능한 자산
> ㉢ 「도시개발법」에 따른 도시개발사업이 종료되지 아니하여 토지 취득등기를 하지 아니하고 양도하는 토지

① ㉠   ② ㉡   ③ ㉠, ㉡
④ ㉡, ㉢   ⑤ ㉠, ㉡, ㉢

59 「소득세법」상 미등기 양도자산에 관한 설명으로 옳은 것은? (29회)

① 미등기 양도자산도 양도소득에 대한 소득세의 비과세에 관한 규정을 적용할 수 있다.

② 건설업자가 「도시개발법」에 따라 공사용역 대가로 취득한 체비지를 토지구획환 지처분공고 전에 양도하는 토지는 미등기양도자산에 해당하지 않는다.

③ 미등기 양도자산의 양도소득금액 계산시 양도소득기본공제를 적용할 수 있다.

④ 미등기 양도자산은 양도소득세 산출세액에 100분의 70을 곱한 금액을 양도소득 결정세액에 더한다.

⑤ 미등기 양도자산의 양도소득금액 계산시 장기보유특별공제를 적용할 수 있다.

☙ 상속받은 자산을 양도하는 경우

	양도가액		
−	필요경비	취득가액	상속개시 당시 평가액(시가) + 취득세 ☑참고 기납부한 상속세는 포함되지 않는다.
		기타 필요경비	
=	양도차익		
−	장기보유특별공제액		보유기간(상속개시일 ~ 양도일)
=	양도소득금액		
−	양도소득기본공제액		
=	과세표준		
×	세 율		보유기간(피상속인이 취득한 날 ~ 상양도일)
=	산출세액		

60 「소득세법」상 거주자의 국내 소재 부동산과 '부동산에 관한 권리'의 양도에 관한 설 명으로 틀린 것은? (21회)

① 부동산매매계약을 체결한 거주자가 계약금만 지급한 상태에서 유상으로 양도하 는 권리는 양도소득세의 과세대상이다.

② 상속받은 부동산을 양도하는 경우, 기납부한 상속세는 양도차익 계산시 이를 필 요경비로 공제받을 수 있다.

③ 상속받은 부동산의 취득시기는 상속이 개시된 날로 한다.

④ 상속받은 부동산을 양도하는 경우, 양도소득세 세율을 적용함에 있어서 보유기 간은 피상속인이 그 부동산을 취득한 날부터 상속인이 양도한 날까지로 한다.

⑤ 부동산을 취득할 수 있는 권리의 양도시 기준시가는 양도일까지 불입한 금액과 양도일 현재의 프리미엄에 상당하는 금액을 합한 금액이다.

✔ 이월과세 및 증여 후 양도행위 부인규정

구 분	이월과세	증여 후 양도행위 부인규정
거래당사자	배우자 또는 직계존비속	특수관계인
거래물건	1. 부동산 2. 취득할 수 있는 권리 3. 회원권	모든 자산
증여 후 양도기간	10년 이내	10년 이내
납세의무자	증여받은 자	당초 증여자
연대납세의무	없음	있음
기납부한 증여세	필요경비에 산입	부과취소(환급)
취득가액	증여자 취득가액	증여자 취득가액
보유기간 기산일	증여자 취득일	증여자 취득일
적용배제	1. 배우자가 사망한 경우 2. 수용된 경우 3. 비과세 요건을 충족한 주택(고가 주택 포함)의 경우 4. 이월과세가 더 적은 경우	1. 이월과세와 중복되는 경우 2. 부인규정이 더 적은 경우

61 「소득세법」상 배우자 간 증여재산의 이월과세에 관한 설명으로 옳은 것은? (32회)

① 이월과세를 적용하는 경우 거주자가 배우자로부터 증여받은 자산에 대하여 납부한 증여세를 필요경비에 산입하지 아니한다.

② 이월과세를 적용받은 자산의 보유기간은 증여한 배우자가 그 자산을 증여한 날을 취득일로 본다.

③ 거주자가 양도일부터 소급하여 10년 이내에 그 배우자(양도 당시 사망으로 혼인관계가 소멸된 경우 포함)로부터 증여받은 토지를 양도할 경우에 이월과세를 적용한다.

④ 거주자가 사업인정고시일부터 소급하여 2년 이전에 배우자로부터 증여받은 경우로서 「공익사업을 위한 토지 등의 취득 및 보상에 관한 법률」에 따라 수용된 경우에는 이월과세를 적용하지 아니한다.

⑤ 이월과세를 적용하여 계산한 양도소득결정세액이 이월과세를 적용하지 않고 계산한 양도소득결정세액보다 적은 경우에 이월과세를 적용한다.

62 「소득세법」상 거주자 甲이 2019년 1월 20일에 취득한 건물(취득가액 3억원)을 甲의 배우자 乙에게 2023년 3월 5일자로 증여(해당 건물의 시가 8억원)한 후, 乙이 2025년 5월 19일에 해당 건물을 甲·乙의 특수관계인이 아닌 丙에게 10억원에 매도하였다. 해당 건물의 양도소득세에 관한 설명으로 옳은 것은? (단, 주택은 아니며, 취득·증여·매도의 모든 단계에서 등기를 마침) (25회)

① 양도소득세 납세의무자는 甲이다.
② 양도소득금액 계산시 장기보유특별공제가 적용된다.
③ 양도차익 계산시 양도가액에서 공제할 취득가액은 8억원이다.
④ 乙이 납부한 증여세는 양도소득세 납부세액 계산시 세액공제된다.
⑤ 양도소득세에 대해 甲과 乙이 연대하여 납세의무를 진다.

63 다음 자료를 기초로 할 때 소득세법령상 국내 토지A에 대한 양도소득세에 관한 설명으로 옳은 것은? (단, 甲, 乙, 丙은 모두 거주자임) (35회)

- 甲은 2019.6.20. 토지A를 3억원에 취득하였으며, 201.5.15. 토지A에 대한 자본적 지출로 5천만원을 지출하였다.
- 乙은 2023.7.1. 직계존속인 甲으로부터 토지A를 증여받아 2023.7.25. 소유권이전 등기를 마쳤다(토지A의 증여 당시 시가는 6억원임).
- 乙은 2025.10.20. 토지A를 甲 또는 乙과 특수관계가 없는 丙에게 10억원에 양도하였다.
- 토지A는 법령상 협의매수 또는 수용된 적이 없으며, 「소득세법」 제97조의2 양도소득의 필요경비 계산 특례(이월과세)를 적용하여 계산한 양도소득 결정세액이 이를 적용하지 않고 계산한 양도소득 결정세액보다 크다고 가정한다.

① 양도차익 계산시 양도가액에서 공제할 취득가액은 6억원이다.
② 양도차익 계산시 甲이 지출한 자본적 지출액 5천만원은 양도가액에서 공제할 수 없다.
③ 양도차익 계산시 乙이 납부하였거나 납부할 증여세 상당액이 있는 경우 양도차익을 한도로 필요경비에 산입한다.
④ 장기보유 특별공제액 계산 및 세율 적용시 보유기간은 乙의 취득일부터 양도일까지의 기간으로 한다.
⑤ 甲과 乙은 양도소득세에 대하여 연대납세의무를 진다.

64 「소득세법」상 거주자 甲이 특수관계 있는 거주자 乙에게 등기된 국내 소재의 건물(주택 아님)을 증여하고 乙이 그로부터 4년이 되는 날에 그 건물을 甲·乙과 특수관계 없는 거주자 丙에게 양도한 경우에 관한 설명으로 틀린 것은? (21회)

① 乙이 甲의 배우자인 경우, 乙의 양도차익 계산시 취득가액은 甲이 건물을 취득한 당시의 취득가액으로 한다.

② 乙이 甲과 증여 당시에는 혼인관계에 있었으나 양도 당시에는 혼인관계가 소멸한 경우, 乙의 양도차익 계산시 취득가액은 甲이 건물을 취득한 당시의 취득가액으로 한다.

③ 乙이 甲의 배우자인 경우, 건물에 대한 장기보유특별공제액은 건물의 양도차익에 甲이 건물을 취득한 날부터 기산한 보유기간별 공제율을 곱하여 계산한다.

④ 乙이 甲의 배우자 및 직계존비속 외의 자인 경우, 乙의 증여세와 양도소득세를 합한 세액이 甲이 직접 丙에게 건물을 양도한 것으로 보아 계산한 양도소득세보다 큰 때에는 甲이 丙에게 직접 양도한 것으로 보지 아니한다.

⑤ 乙이 甲의 배우자인 경우, 건물의 양도소득에 대하여 甲과 乙이 연대납세의무를 진다.

65 거주자 甲은 2019.10.20. 취득한 토지(취득가액 1억원, 등기함)를 동생인 거주자 乙(특수관계인임)에게 2022.10.1. 증여(시가 3억원, 등기함)하였다. 乙은 해당 토지를 2025.6.30. 특수관계가 없는 丙에게 양도(양도가액 10억원)하였다. 양도소득은 乙에게 실질적으로 귀속되지 아니하고, 乙의 증여세와 양도소득세를 합한 세액이 甲이 직접 양도하는 경우로 보아 계산한 양도소득세보다 적은 경우에 해당한다. 「소득세법」상 양도소득세 납세의무에 관한 설명으로 틀린 것은? (33회)

① 乙이 납부한 증여세는 양도차익 계산시 필요경비에 산입한다.

② 양도차익 계산시 취득가액은 甲의 취득 당시를 기준으로 한다.

③ 양도소득세에 대해서는 甲과 乙이 연대하여 납세의무를 진다.

④ 甲은 양도소득세 납세의무자이다.

⑤ 양도소득세 계산시 보유기간은 甲의 취득일부터 乙의 양도일까지의 기간으로 한다.

66 甲이 2020.3.5. 특수관계인 乙로부터 토지를 3억 1천만원(시가 3억원)에 취득하여 2025.10.5. 특수관계인 丙에게 그 토지를 5억원(시가 5억 6천만원)에 양도한 경우 甲의 양도소득금액은 얼마인가? (단, 토지는 등기된 국내 소재의 「소득세법」상 비사업용 토지이고, 취득가액 외의 필요경비는 없으며, 甲·乙·丙은 거주자이고 배우자 및 직계존비속 관계가 없음) (21회)

① 1억 7천 1백만원
② 1억 9천만원
③ 2억 2천 5백만원
④ 2억 5천만원
⑤ 2억 6천만원

67 「소득세법」상 거주자인 甲이 국내 소재 토지를 甲의 사촌 형인 거주자 乙에게 양도한다고 가정하는 경우, 이에 관한 설명으로 틀린 것은? (23회)

① 만일 甲이 乙에게 토지를 증여한 후, 乙이 이를 그 증여일부터 11년이 지나 다시 타인에게 양도한 경우에는 甲이 그 토지를 직접 타인에게 양도한 것으로 보아 양도소득세가 과세된다.
② 甲이 양도한 토지가 법령이 정한 비사업용 토지에 해당하고 3년 이상 보유한 경우 장기보유특별공제를 적용받을 수 있다.
③ 甲과 乙은 「소득세법」상 특수관계인에 해당한다.
④ 甲이 「상속세 및 증여세법」에 따라 시가 8억원으로 평가된 토지를 乙에게 7억 5천만원에 양도한 경우, 양도차익 계산시 양도가액은 8억원으로 계산한다.
⑤ 해당 토지가 미등기된 것으로서 법령이 정하는 미등기 양도 제외자산이 아니라면 100분의 70의 세율이 적용된다.

68 「소득세법」상 거주자 甲이 국내 소재 토지를 직계비속인 乙에게 양도한다고 가정하는 경우 이에 관한 설명으로 틀린 것은? (단, 甲과 乙은 거주자이다) (19회)

① 토지에 대한 시가는 「상속세 및 증여세법」의 규정을 준용하여 평가한 가액에 의한다.
② 甲과 乙은 특수관계인에 해당된다.
③ 양도소득세의 납세지는 원칙적으로 甲의 국내 주소지이다.
④ 토지의 시가를 10억원이라고 할 경우 이를 9억원에 양도하였다면 부당행위계산 부인의 규정이 적용되지 않는다.
⑤ 만일, 甲이 乙에게 증여한 후, 乙이 이를 10년 이내에 특수관계가 없는 丙에게 다시 양도한 경우 양도차익 계산시 취득가액은 甲이 취득한 당시의 가액으로 한다.

69 「소득세법」상 거주자의 양도소득세에 관한 설명으로 **틀린** 것은? (단, 국내 소재 부동산의 양도임) (28회)

① 같은 해에 여러 개의 자산(모두 등기됨)을 양도한 경우 양도소득기본공제는 해당 과세기간에 먼저 양도한 자산의 양도소득금액에서부터 순서대로 공제한다. 단, 감면소득금액은 없다.

② 「소득세법」 제104조 제3항에 따른 미등기 양도자산에 대하여는 장기보유특별공제를 적용하지 아니한다.

③ 「소득세법」 제97조의2 제1항에 따라 이월과세를 적용받는 경우 장기보유특별공제의 보유기간은 증여자가 해당 자산을 취득한 날부터 기산한다.

④ A법인과 특수관계에 있는 주주가 시가 3억원(「법인세법」 제52조에 따른 시가임)의 토지를 A법인에게 5억원에 양도한 경우 양도가액은 3억원으로 본다. 단, A법인은 이 거래에 대하여 세법에 따른 처리를 적절하게 하였다.

⑤ 특수관계인과의 거래가 아닌 경우로서 취득가액인 실지거래가액을 인정 또는 확인할 수 없어 그 가액을 추계결정 또는 경정하는 경우에는 매매사례가액, 감정가액, 기준시가의 순서에 따라 적용한 가액에 의한다.

70 「소득세법」상 거주자의 국내자산 양도소득세 계산에 관한 설명으로 옳은 것은?

(31회)

① 부동산에 관한 권리의 양도로 발생한 양도차손은 토지의 양도로 발생한 양도소득금액에서 공제할 수 없다.

② 양도일부터 소급하여 10년 이내에 그 배우자로부터 증여받은 토지의 양도차익을 계산할 때 그 증여받은 토지에 대하여 납부한 증여세는 양도가액에서 공제할 필요경비에 산입하지 아니한다.

③ 취득원가에 현재가치할인차금이 포함된 양도자산의 보유기간 중 사업소득금액 계산시 필요경비로 산입한 현재가치할인차금상각액은 양도차익을 계산할 때 양도가액에서 공제할 필요경비로 본다.

④ 특수관계인에게 증여한 자산에 대해 증여자인 거주자에게 양도소득세가 과세되는 경우 수증자가 부담한 증여세 상당액은 양도가액에서 공제할 필요경비에 산입한다.

⑤ 거주자가 특수관계인과의 거래(시가와 거래가액의 차액이 5억원임)에 있어서 토지를 시가에 미달하게 양도함으로써 조세의 부담을 부당히 감소시킨 것으로 인정되는 때에는 그 양도가액을 시가에 의하여 계산한다.

▼ 납세절차

	예정신고		확정신고
일반적인 경우	양도일 + 달의 말일 + 2개월		다음연도 5월(1일 ~ 31일)
허가받기 전에 대금청산	허가일 + 달의 말일 + 2개월		
주 식	양도일 + 반기 말일 + 2개월		
부담부증여	양도일 + 달의 말일 + 3개월		

1. 양도차익이 없거나 양도차손이 발생한 경우에도 예정신고는 하여야 한다.

2. 과세표준이 없거나 결손금이 발생한 경우에도 확정신고는 하여야 한다.

3. 예정신고를 하지 않은 경우에는 확정신고를 하여야 한다.

4. 예정신고를 한 자는 확정신고를 하지 아니할 수 있다. 다만, 예정신고를 2회 이상 한 자가 이미 신고한 양도소득금액과 합산하여 신고하지 아니한 경우에는 확정신고를 하여야 한다.

5. 예정신고 및 확정신고 모두 확정력 있음

6. 신고 또는 납부의무를 이행하지 아니하면 가산세 부과됨
   ① 무신고가산세: 20%(사기 부정은 40%)
   ② 과소신고가산세: 10%(사기 부정은 40%)
   ③ 납부지연가산세: 일 10만분의 22
   ④ 신축 또는 증축 + 5년 이내 양도 + 감정가액 또는 환산취득가액: 그 가액의 5%

7. 예정신고 및 확정신고 모두 분할납부 가능
   ① 1천만원 초과 + 2개월 이내
   ② 분할납부 금액
      ㉠ 2천만원 이하: 1천만원 초과분
      ㉡ 2천만원 초과: 그 세액의 100분의 50 이하의 금액

8. 예정신고 및 확정신고 모두 물납 불가능

71 「소득세법」상 양도소득세에 관한 설명으로 옳은 것은? (27회)

① 거주자가 국외토지를 양도한 경우 양도일까지 계속해서 10년간 국내에 주소를 두었다면 양도소득 과세표준을 예정신고하여야 한다.

② 비거주자가 국외토지를 양도한 경우 양도소득세 납부의무가 있다.

③ 거주자가 국내상가건물을 양도한 경우 거주자의 주소지와 상가건물의 소재지가 다르다면 양도소득세 납세지는 상가건물의 소재지이다.

④ 비거주자가 국내주택을 양도한 경우 양도소득세 납세지는 비거주자의 국외 주소지이다.

⑤ 거주자가 국외주택을 양도한 경우 양도일까지 계속해서 5년간 국내에 주소를 두었다면 양도소득금액 계산시 장기보유특별공제가 적용된다.

72 「소득세법」상 거주자의 국내 토지에 대한 양도소득 과세표준 및 세액의 신고납부에 대한 설명으로 틀린 것은? (31회)

① 법령에 따른 부담부증여의 채무액에 해당하는 부분으로서 양도로 보는 경우 그 양도일이 속하는 달의 말일부터 3개월 이내에 양도소득 과세표준을 납세지 관할 세무서장에게 신고하여야 한다.

② 예정신고납부를 하는 경우 예정신고 산출세액에서 감면세액을 빼고 수시부과세액이 있을 때에는 이를 공제하지 아니한 세액을 납부한다.

③ 예정신고납부할 세액이 2천만원을 초과하는 때에는 그 세액의 100분의 50 이하의 금액을 납부기한이 지난 후 2개월 이내에 분할납부할 수 있다.

④ 당해 연도에 누진세율의 적용대상 자산에 대한 예정신고를 2회 이상 한 자가 법령에 따라 이미 신고한 양도소득금액과 합산하여 신고하지 아니한 경우에는 양도소득 과세표준의 확정신고를 하여야 한다.

⑤ 양도차익이 없거나 양도차손이 발생한 경우에도 양도소득 과세표준의 예정신고를 하여야 한다.

73 甲이 등기된 국내 소재 공장(건물)을 양도한 경우, 양도소득 과세표준 예정신고 및 확정신고에 관한 설명으로 옳은 것은? (단, 甲은 「소득세법」상 부동산매매업을 영위하지 않는 거주자이며 「국세기본법」상 기한연장 사유는 없음) (22회)

① 2025.4.15.에 양도한 경우, 예정신고기한은 2025.6.15.이다.

② 양도차익이 없는 경우에는 예정신고를 하지 아니할 수 있다.

③ 예정신고 관련 무신고가산세가 부과되는 경우, 그 부분에 대하여 확정신고와 관련한 무신고가산세가 다시 부과된다.

④ 예정신고납부를 할 때 납부할 세액은 양도차익에서 장기보유특별공제와 양도소득기본공제를 한 금액에 해당 양도소득세 세율을 적용하여 계산한 금액을 그 산출세액으로 한다.

⑤ 확정신고기간은 양도일이 속한 연도의 다음 연도 6월 1일부터 6월 30일까지이다.

74 「소득세법」상 양도소득세에 관한 설명으로 옳은 것은? (25회)

① 「부동산 거래신고 등에 관한 법률」에 따른 토지거래계약에 관한 허가구역에 있는 토지를 양도할 때 토지거래계약 허가를 받기 전에 대금을 청산한 경우 그 양도일이 속하는 달의 말일부터 2개월 이내에 예정신고를 하여야 한다.

② 양도소득세로 납부할 세액이 1천만원을 초과하는 경우에는 납세지 관할 세무서장의 허가를 받아 국내에 소재하는 부동산으로 물납을 신청할 수 있다.

③ 양도소득세로 납부할 세액이 1천만원을 초과하는 자는 그 납부할 세액의 일부를 납부기한이 지난 날부터 3개월 이내에 분할납부할 수 있다.

④ 양도소득세의 분할납부는 예정신고납부시에는 적용되지 않고 확정신고납부시에만 적용된다.

⑤ 거주자가 양도소득세 확정신고에 따라 납부할 세액이 3천 600만원인 경우 최대 1천 800만원까지 분할납부할 수 있다.

75 「소득세법」상 사업자가 아닌 거주자 甲이 2025년 5월 15일에 토지(토지거래계약에 관한 허가구역 외에 존재)를 양도하였고, 납부할 양도소득세액은 1천 5백만원이다. 이 토지의 양도소득세 신고납부에 관한 설명으로 틀린 것은? (단, 과세기간 중 당해 거래 이외에 다른 양도거래는 없고, 답지항은 서로 독립적이며 주어진 조건 외에는 고려하지 않음) (26회)

① 2025년 7월 31일까지 양도소득 과세표준을 납세지 관할 세무서장에게 신고하여야 한다.

② 예정신고를 하지 않은 경우 확정신고를 하면, 예정신고에 대한 가산세는 부과되지 아니한다.

③ 예정신고하는 경우 양도소득세의 분할납부가 가능하다.

④ 예정신고를 한 경우에는 확정신고를 하지 아니할 수 있다.

⑤ 분할납부를 신청하는 경우 2025년 9월 30일까지 5백만원을 분할납부할 수 있다.

76 「소득세법」상 거주자의 양도소득 과세표준의 신고 및 납부에 관한 설명으로 옳은 것은?

(27회)

① 2025년 3월 21일에 주택을 양도하고 잔금을 청산한 경우 2025년 6월 30일까지 예정신고하여야 한다.

② 확정신고납부시 납부할 세액이 1천 6백만원인 경우 6백만원을 분할납부할 수 있다.

③ 예정신고납부시 납부할 세액이 2천만원인 경우 분할납부할 수 없다.

④ 양도차손이 발생한 경우 예정신고하지 아니한다.

⑤ 예정신고하지 않은 거주자가 해당 과세기간의 과세표준이 없는 경우 확정신고 하지 아니한다.

77 「소득세법」상 거주자의 양도소득세 신고 및 납부에 관한 설명으로 옳은 것은? (29회)

① 토지 또는 건물을 양도한 경우에는 그 양도일이 속하는 분기의 말일부터 2개월 이내에 양도소득 과세표준을 신고하여야 한다.

② 양도차익이 없거나 양도차손이 발생한 경우에는 양도소득 과세표준 예정신고 의무가 없다.

③ 건물을 신축하고 그 신축한 건물의 취득일부터 5년 이내에 해당 건물을 양도하는 경우로서 취득 당시의 실지거래가액을 확인할 수 없어 환산취득가액을 그 취득가액으로 하는 경우에는 양도소득세 산출세액의 100분의 5에 해당하는 금액을 양도소득 결정세액에 더한다.

④ 양도소득 과세표준 예정신고시에는 납부할 세액이 1천만원을 초과하더라도 그 납부할 세액의 일부를 분할납부할 수 없다.

⑤ 당해 연도에 누진세율의 적용대상 자산에 대한 예정신고를 2회 이상 한 자가 법령에 따라 이미 신고한 양도소득금액과 합산하여 신고하지 아니한 경우 양도소득세 확정신고를 하여야 한다.

78 「소득세법」상 거주자의 양도소득세 신고납부에 관한 설명으로 옳은 것은? (33회)

① 건물을 신축하고 그 취득일부터 3년 이내에 양도하는 경우로서 감정가액을 취득가액으로 하는 경우에는 그 감정가액의 100분의 3에 해당하는 금액을 양도소득 결정세액에 가산한다.

② 공공사업의 시행자에게 수용되어 발생한 양도소득세액이 2천만원을 초과하는 경우 납세의무자는 물납을 신청할 수 있다.

③ 과세표준 예정신고와 함께 납부하는 때에는 산출세액에서 납부할 세액의 100분의 5의 금액을 공제한다.

④ 예정신고납부할 세액이 1천 5백만원인 자는 그 세액의 100분의 50의 금액을 납부기한이 지난 후 2개월 이내에 분할납부할 수 있다.

⑤ 납세의무자가 법정신고기한까지 양도소득세의 과세표준 신고를 하지 아니한 경우(부정행위로 인한 무신고는 제외)에는 그 무신고납부세액에 100분의 20을 곱한 금액을 가산세로 한다.

79 「소득세법」상 거주자의 양도소득세 징수와 환급에 관한 설명으로 옳은 것은? (33회)

① 과세기간별로 이미 납부한 확정신고세액이 관할세무서장이 결정한 양도소득 총결정세액을 초과한 경우 다른 국세에 충당할 수 없다.

② 양도소득 과세표준과 세액을 결정 또는 경정한 경우 관할 세무서장이 결정한 양도소득 총결정세액이 이미 납부한 확정신고세액을 초과할 때에는 그 초과하는 세액을 해당 거주자에게 알린 날부터 30일 이내에 징수한다.

③ 양도소득세 과세대상 건물을 양도한 거주자는 부담부증여의 채무액을 양도로 보는 경우 예정신고 없이 확정신고를 하여야 한다.

④ 양도소득세 납세의무의 확정은 납세의무자의 신고에 의하지 않고 관할 세무서장의 결정에 의한다.

⑤ 이미 납부한 확정신고세액이 관할 세무서장이 결정한 양도소득 총결정세액을 초과할 때에는 해당 결정일부터 90일 이내에 환급해야 한다.

국외 양도자산

납세의무자: 국외자산 양도일까지 계속 5년 이상 국내에 주소 또는 거소를 둔 거주자

	양도가액	1. 원칙: 실지거래가액(수령일 현재의 환율 적용) 2. 예외: 실지거래가액이 확인 × ⇨ 시가
−	필요경비	1. 원칙: 실지거래가액(지출일 현재의 환율 적용) 2. 예외: 실지거래가액이 확인 × ⇨ 시가
=	양도차익	환차익은 포함 ×
−	장기보유특별공제액	불가능
=	양도소득금액	
−	양도소득기본공제액	가능(국내소득과 별도로 연 250만원)
=	과세표준	
×	세 율	무조건 6 ~ 45%
=	산출세액	

80 「소득세법」상 국외자산 양도에 관한 설명으로 옳은 것은? (25회)

① 양도차익 계산시 필요경비의 외화환산은 지출일 현재 「외국환거래법」에 의한 기준환율 또는 재정환율에 의한다.
② 국외자산 양도시 양도소득세의 납세의무자는 국외자산의 양도일까지 계속하여 3년간 국내에 주소를 둔 거주자이다.
③ 미등기 국외토지에 대한 양도소득세율은 100분의 70이다.
④ 장기보유특별공제는 국외자산의 보유기간이 3년 이상인 경우에만 적용된다.
⑤ 국외자산의 양도가액은 실지거래가액이 있더라도 양도 당시 현황을 반영한 시가에 의하는 것이다.

81 소득세법령상 거주자가 2025년에 양도한 국외자산의 양도소득세에 관한 설명으로 **틀린** 것은? (단, 거주자는 국외자산 양도일까지 계속 5년 이상 국내에 주소를 두고 있으며, 국외 외화차입에 의한 취득은 없음) (35회)

① 국외자산의 양도에 대한 양도소득이 있는 거주자는 양도소득 기본공제는 적용 받을 수 있으나 장기보유 특별공제는 적용받을 수 없다.

② 국외 부동산을 양도하여 발생한 양도차손은 동일한 과세기간에 국내 부동산을 양도하여 발생한 양도소득금액에서 통산할 수 있다.

③ 국외 양도자산이 부동산임차권인 경우 등기여부와 관계없이 양도소득세가 과세 된다.

④ 국외자산의 양도가액은 그 자산의 양도 당시의 실지거래가액으로 한다. 다만, 양도 당시의 실지거래가액을 확인할 수 없는 경우에는 양도자산이 소재하는 국 가의 양도 당시 현황을 반영한 시가에 따르되, 시가를 산정하기 어려울 때에는 그 자산의 종류, 규모, 거래상황 등을 고려하여 대통령령으로 정하는 방법에 따 른다.

⑤ 국외 양도자산이 양도 당시 거주자가 소유한 유일한 주택으로서 보유기간이 2년 이상인 경우에도 1세대 1주택 비과세 규정을 적용받을 수 없다.

82 국내에 주택 1채와 토지를, 국외에 주택 1채를 소유하고 있는 거주자 甲이 해당 소유 부동산을 모두 양도하는 경우, 이에 관한 설명으로 **틀린** 것은? (단, 국내 소재 부동산 은 모두 등기되었으며, 주택은 고가주택이 아님) (23회)

① 甲이 국내주택을 먼저 양도하는 경우 2년 이상 보유한 경우라도 1세대 2주택에 해당하므로 양도소득세가 과세된다.

② 甲이 국외주택의 양도일까지 계속 5년 이상 국내에 주소를 둔 거주자인 경우 국외주택의 양도에 대하여 양도소득세 납세의무가 있다.

③ 甲의 부동산양도에 따른 소득세의 납세지는 甲의 주소지를 원칙으로 한다.

④ 국외주택 양도소득에 대하여 납부하였거나 납부할 국외주택 양도소득세액은 해 당 과세기간의 국외주택 양도소득금액 계산상 필요경비에 산입할 수 있다.

⑤ 국외주택의 양도에 대하여는 연 250만원의 양도소득기본공제를 적용받을 수 있다.

83 거주자 甲이 국외에 있는 양도소득세 과세대상 X토지를 양도함으로써 소득이 발생하였다. 다음 중 틀린 것은? (단, 해당 과세기간에 다른 자산의 양도는 없음) (30회)

① 甲이 X토지의 양도일까지 계속 5년 이상 국내에 주소 또는 거소를 둔 경우에만 해당 양도소득에 대한 납세의무가 있다.

② 甲이 국외에서 외화를 차입하여 X토지를 취득한 경우 환율변동으로 인하여 외화차입금으로부터 발생한 환차익은 양도소득의 범위에서 제외한다.

③ X토지의 양도가액은 양도 당시의 실지거래가액으로 하는 것이 원칙이다.

④ X토지에 대한 양도차익에서 장기보유특별공제액을 공제한다.

⑤ X토지에 대한 양도소득금액에서 양도소득기본공제로 250만원을 공제한다.

84 거주자 甲은 2019년에 국외에 1채의 주택을 미화 1십만 달러(취득자금 중 일부 외화차입)에 취득하였고, 2025년에 동 주택을 미화 2십만 달러에 양도하였다. 이 경우 「소득세법」상 설명으로 틀린 것은? (단, 甲은 해당 자산의 양도일까지 계속 5년 이상 국내에 주소를 둠) (32회)

① 甲의 국외주택에 대한 양도차익은 양도가액에서 취득가액과 필요경비개산공제를 차감하여 계산한다.

② 甲의 국외주택 양도로 발생하는 소득이 환율변동으로 인하여 외화차입금으로부터 발생하는 환차익을 포함하고 있는 경우에는 해당 환차익을 양도소득의 범위에서 제외한다.

③ 甲의 국외주택 양도에 대해서는 해당 과세기간의 양도소득금액에서 연 250만원을 공제한다.

④ 甲은 국외주택을 3년 이상 보유하였음에도 불구하고 장기보유특별공제액은 공제하지 아니한다.

⑤ 甲은 국외주택의 양도에 대하여 양도소득세의 납세의무가 있다.

85 「소득세법」상 거주자(해당 국외자산 양도일까지 계속 5년 이상 국내에 주소를 두고 있음)가 2025년에 양도한 국외자산의 양도소득세에 관한 설명으로 **틀린** 것은? (단, 국외 외화차입에 의한 취득은 없음) (31회)

① 국외에 있는 부동산에 관한 권리로서 미등기 양도자산의 양도로 발생하는 소득은 양도소득의 범위에 포함된다.

② 국외토지의 양도에 대한 양도소득세를 계산하는 경우에는 장기보유특별공제액은 공제하지 아니한다.

③ 양도 당시의 실지거래가액이 확인되더라도 외국정부의 평가가액을 양도가액으로 먼저 적용한다.

④ 해당 과세기간에 다른 자산의 양도가 없을 경우 국외토지의 양도에 대한 양도소득이 있는 거주자에 대해서는 해당 과세기간의 양도소득금액에서 연 250만원을 공제한다.

⑤ 국외토지의 양도소득에 대하여 해당 외국에서 과세를 하는 경우로서 법령이 정한 그 국외자산 양도소득세액을 납부하였거나 납부할 것이 있을 때에는 외국납부세액의 세액공제방법과 필요경비 산입방법 중 하나를 선택하여 적용할 수 있다.

86 「지방세법」상 거주자의 국내자산 양도소득에 대한 지방소득세에 관한 설명으로 **틀린** 것은? (27회)

① 양도소득에 대한 개인지방소득세 과세표준은 종합소득 및 퇴직소득에 대한 개인지방소득세 과세표준과 구분하여 계산한다.

② 양도소득에 대한 개인지방소득세의 세액이 2천원인 경우에는 이를 징수하지 아니한다.

③ 양도소득에 대한 개인지방소득세의 공제세액이 산출세액을 초과하는 경우 그 초과금액은 없는 것으로 한다.

④ 양도소득에 대한 개인지방소득세 과세표준은 「소득세법」상 양도소득 과세표준으로 하는 것이 원칙이다.

⑤ 「소득세법」상 보유기간이 8개월인 조합원입주권의 세율은 양도소득에 대한 개인지방소득세 과세표준의 1천분의 70을 적용한다.

정답

PART 01 조세총론

제1장 총칙

문 제	01	02	03	04	05	06	07	08	
정 답	③	⑤	①	④	⑤	①	④	③	

제2장 납세의무 성립·확정 및 소멸

문 제	01	02	03	04	05	06	07	08	09	10
정 답	④	④	①	③	①	⑤	⑤	②	①	⑤
문 제	11	12	13	14						
정 답	③	④	③	④						

제3장 조세채권의 우선권 등

문 제	01	02	03	04	05	06	07	08	09	10
정 답	③	①	②	①	④	④	③	④	⑤	④
문 제	11									
정 답	②									

제1장 취득세

문 제	01	02	03	04	05	06	07	08	09	10
정 답	③	⑤	⑤	②	⑤	④	②	③	①	④
문 제	11	12	13	14	15	16	17	18	19	20
정 답	③	⑤	⑤	②	⑤	④	②	③	④	④
문 제	21	22	23	24	25	26	27	28	29	30
정 답	①	⑤	①	⑤	⑤	⑤	③	④	③	③
문 제	31	32	33	34	35	36	37	38	39	40
정 답	③	④	①	③	③	④	②	③	①	⑤
문 제	41	42	43	44	45	46	47			
정 답	①	③	④	⑤	②	③	③			

제2장 등록면허세

문 제	01	02	03	04	05	06	07	08	09	10
정 답	⑤	②	④	③	②	②	④	①	②	②
문 제	11	12	13	14	15	16	17	18	19	20
정 답	④	④	⑤	④	④	⑤	③	①	⑤	⑤

제3장 재산세

문 제	01	02	03	04	05	06	07	08	09	10
정 답	①	⑤	⑤	②	③	③	①	①	⑤	⑤
문 제	11	12	13	14	15	16	17	18	19	20
정 답	④	①	②	④	④	②	③	②	②	①
문 제	21	22	23	24	25	26	27	28	29	30
정 답	③	④	③	⑤	④	①	①	③	⑤	④
문 제	31	32	33	34	35	36	37	38	39	40
정 답	①	③	⑤	⑤	③	②	⑤	⑤	③	②
문 제	41	42	43	44	45	46				
정 답	④	①	②	①	②	②				

제1장   종합부동산세

문 제	01	02	03	04	05	06	07	08	09	10
정 답	⑤	⑤	⑤	②	④	⑤	③	③	⑤	④
문 제	11	12	13	14	15	16	17	18	19	20
정 답	②	③	②	④	⑤	④	④	①	④	③

제2장   종합소득세(임대 관련)

문 제	01	02	03	04	05	06	07	08	09	10
정 답	④	②	②	⑤	⑤	④	④	③	①	③
문 제	11	12								
정 답	②	③								

제3장	양도소득세

문 제	01	02	03	04	05	06	07	08	09	10
정 답	④	④	②	③	③	②	⑤	②	②	③
문 제	11	12	13	14	15	16	17	18	19	20
정 답	③	①	①	⑤	④	①	⑤	②	④	⑤
문 제	21	22	23	24	25	26	27	28	29	30
정 답	⑤	③	④	④	③	⑤	④	⑤	②	⑤
문 제	31	32	33	34	35	36	37	38	39	40
정 답	①	①	④	①	③	⑤	①	②	③	④
문 제	41	42	43	44	45	46	47	48	49	50
정 답	③	③	①	⑤	④	③	③	②	③	①
문 제	51	52	53	54	55	56	57	58	59	60
정 답	①	④	③	③	②	⑤	②	⑤	②	②
문 제	61	62	63	64	65	66	67	68	69	70
정 답	④	②	③	⑤	①	③	①	④	⑤	⑤
문 제	71	72	73	74	75	76	77	78	79	80
정 답	①	②	④	⑤	②	②	⑤	⑤	②	①
문 제	81	82	83	84	85	86				
정 답	②	①	④	①	③	②				

제36회 공인중개사 시험대비 **전면개정판**

2025 박문각 공인중개사
임기원 기출문제 2차 부동산세법

초판인쇄 | 2025. 2. 1. **초판발행** | 2025. 2. 5. **편저** | 임기원 편저

발행인 | 박 용 **발행처** | (주)박문각출판 **등록** | 2015년 4월 29일 제2019-000137호

주소 | 06654 서울시 서초구 효령로 283 서경빌딩 4층 **팩스** | (02)584-2927

전화 | 교재 주문 (02)6466-7202, 동영상문의 (02)6466-7201

저자와의
협의하에
인지생략

정가 16,000원
ISBN 979-11-7262-525-2